AUFLÄUFE

60 geniale Rezepte

AUFLÄUFE

60 geniale Rezepte

Koch dich glücklich!

CHRISTIAN

Inhalt

WaREnKunDE

Basiszutaten

Kartoffeln

Früher als dekorative Zierpflanze angesehen, ist die Kartoffel heute ein wichtiger Bestandteil unserer alltäglichen Nahrung und daraus nicht mehr wegzudenken. Die Knollen enthalten viel Ballaststoffe, Stärke und kaum Fett. Zudem liefern sie dem Körper Vitamin C, B-Vitamine, Magnesium, Natrium, Kalzium, Phosphor und Zink. Zahlreiche Sorten werden nach Erntezeit und Kochverhalten unterschieden und bieten von salzig bis süß nahezu unendlich viele Verwendungsmöglichkeiten. Um im Auflauf oder Gratin den Biss der Kartoffeln zu erhalten, solltest du vorwiegend festkochende Sorten wie Rosara, Leyla, Solara oder Quarta verwenden. Mehligkochende Kartoffeln wie Likaria, Afra und Bintje eignen sich für Gratins, da sie sich gut mit Sahne vollsaugen, verlieren allerdings ihre Bissfestigkeit. Neue beziehungsweise Frühkartoffeln eignen sich dagegen nicht, weil sie zu wenig Stärke enthalten und sich nicht gut mit dem Guss verbinden.
Einkaufstipp: Die Kartoffeln sollten fest und ohne erkennbare Triebe sein.

Lagerung: kühl und dunkel bei 4–6 °C und 90 % Luftfeuchtigkeit im Gemüsefach des Kühlschranks, Frühkartoffeln sind nur bis zu 2 Wochen lagerungsfähig, spätere Sorten in kühler, dunkler Umgebung bis zu 3 Monate
Frisch: Juni bis Oktober
Lagerware: November bis Mai

Süsskartoffel

Süßkartoffeln, auch Batate genannt, sind botanisch gesehen nicht mit unserer Kartoffel verwandt, haben aber vergleichbare Inhaltsstoffe und können ähnlich verarbeitet werden. Sie stammen ursprünglich aus Südamerika und zeichnen sich durch eine Fleischfarbe von Gelb bis Tieforange aus. Sie enthalten viel Vitamin C und Carotin und werden auch als Superfood bezeichnet.
Einkaufstipp: Die Knollen sollten fest und prall, ihre Schale sollte unverletzt sein.
Lagerung: bis zu 2 Wochen bei 5–8 °C und 90 % Luftfeuchtigkeit im Gemüsefach des Kühlschranks
Frisch: Importware ist ganzjährig erhältlich.

Topinambur

Die Topinambur oder Erdartischocke stammt aus
dem südamerikanischen Hochland und wird von
November bis April geerntet. Wie die Kartoffel
wächst sie unterirdisch und bildet aus einer
Hauptknolle viele kleine Nebenknollen. Ihre Farbe
reicht von Hellbeige bis Dunkelviolett, der Geschmack ist nussig und ähnelt je nach Zubereitung
dem der Kartoffel oder Artischocke. Die knorrigen
Wurzeln lassen sich nur mühsam schälen, können
aber auch ungeschält und roh gegessen werden.
Topinambur dient frisch geschnitten als Salat-
zusatz. Ihr Gehalt an wertvollem Eiweiß sowie an
B-Vitaminen, Niacin, Kalium, Eisen und Phosphor
ist beachtlich. Die in der Topinambur enthaltenen
Kohlenhydrate liegen hauptsächlich in Form von
Inulin vor, das den Blutzuckerspiegel nicht be-
einflusst – deshalb ist die Knolle eine attraktive
Kartoffelalternative für Diabetiker und kann wie
Kartoffeln zubereitet werden.

Einkaufstipp: Die Knollen sollten fest und knackig
sein.

Lagerung: bis zu 4 Wochen bei 0–5 °C und 90 % Luftfeuchtigkeit im Gemüsefach des Kühlschranks

Frisch: heimische Ware von September bis
November

Lagerware: November bis April

Nudeln

Mehl und Wasser sind bis heute die einzigen
Zutaten der typisch italienischen Pasta.
Gemahlener Grieß aus Hartweizen wird mit
Wasser, in Deutschland auch gern mit Eiern, zu
frischem Nudelteig verknetet. Die Eier geben
den Nudeln einen stärkeren Eigengeschmack
und sorgen für ihr goldgelbes Aussehen. Zum
Färben des Teigs können auch andere Zutaten
wie Spinat oder Tomatenmark verwendet werden. Frische Nudeln sind zarter im Biss und
haben eine weichere Konsistenz, halten im Kühl-
schrank jedoch nur wenige Tage. Getrocknete
Nudeln sind deshalb die beliebtere Variante.
Sie sind lange lagerungsfähig und vor allem
schnell, unkompliziert und vielfältig zuzuberei-
ten. Für Aufläufe sind besonders große Sorten
geeignet. Cannelloni lassen sich wunderbar
füllen, Rigatoni, Fussili und Cellentani eignen
sich perfekt zum Überbacken. Und auch Lasagne
gehört zu den beliebtesten Nudelaufläufen der
Deutschen. Vor dem Füllen beziehungsweise
Schichten sollten diese Sorten für 2–3 Minuten
in kochendem Salzwasser gegart werden. Eine
Ausnahme bilden vorgekochte Lasagneplatten
oder Cannelloni – hier brauchen die Nudeln nicht
verarbeitet zu werden.

Käse – Knusprig überbacken

Für eine goldbraune Käsekruste eignen sich Käsesorten mit 30 bis 40 % Fett, doch auch Sorten wie Mozzarella sind bei uns zum Überbacken beliebt. Wir geben einen kurzen Überblick über die am häufigsten verwendeten Sorten.

Gouda

Gouda ist ein Schnittkäse, der nach der niederländischen Stadt Gouda benannt wurde und mittlerweile weltweit bekannt ist. Er wird aus pasteurisierter Kuhmilch hergestellt und besitzt mindestens 48 % Fett in der Trockenmasse. Er wird je nach Länge des Reifeprozesses in drei Altersklassen unterschieden: Junger Gouda muss vier bis acht Wochen, mittelalter Gouda hingegen zwei bis sechs Monate reifen. Mit fortschreitender Reifung wird der Käse trockener und würziger. Alter Gouda hat nach mindestens sechs Monaten Reifezeit das kräftigste und würzigste Aroma.

Für Aufläufe und Co. ist mittelalter Gouda die beste Wahl. Er bildet eine goldbraune Kruste und ergänzt die übrigen Zutaten durch sein Aroma, ohne dabei deren Eigengeschmack zu überdecken. Wer es lieber etwas milder mag, wählt einen jungen Gouda.

Emmentaler

Emmentaler ist ein Hartkäse, der ursprünglich aus dem Emmental in der Schweiz stammt und heutzutage weltweit in den verschiedensten Varianten produziert wird. Traditionell werden aus der Rohmilch der taleigenen Milchkühe 75 bis 120 Kilogramm schwere Laibe hergestellt. Das typischste Merkmal des Emmentalers sind seine großen glatten Gärlöcher, die während der Reifung entstehen. Mit einem Fettanteil von 45 % in der Trockenmasse und seinem milden, nussigen Geschmack eignet er sich zum Überbacken und verläuft gut.

Bergkäse

Bergkäse hat seinen Namen daher, dass er früher direkt auf dem Berg gekäst wurde. Der besondere Geschmack des Hartkäses wurde durch die aromatische Milch aufgrund der gras- und kräuterreichen Nahrung der Kühe mitbestimmt. Noch heute müssen 70 % des Futters für die Tiere aus Berggebieten stammen. Bergkäse ist ein Hartkäse mit würzigem Aroma und eignet sich hervorragend zum Überbacken. Er verleiht Aufläufen, Gratins oder Soufflés eine pikant-markante Note. Am besten schmeckt er, wenn man ihn am Stück kauft und frisch reibt.

Mozzarella

Mozzarella ist ein weicher Filata-Käse aus Büffel- oder Kuhmilch. Der echte italienische Mozzarella aus der Milch schwarzer Büffel (offizieller Name: Mozzarella di Bufala Campana D.O.P.) ist am Siegel »geschützte Ursprungsbezeichnung« erkennbar, er ist besonders aromatisch und cremig. Heute ist der weiße kugelförmige Käse aus Kuhmilch weit verbreitet. Mozzarella hat einen Fettgehalt von 45 bis 50 % in der Trockenmasse und ein mildes Aroma. Generell eignet sich Hartkäse besser zum Überbacken als Weichkäse wie Mozzarella. Dieser hat einen hohen Wasseranteil und wird weich, aber nicht kross. In Deutschland ist er dennoch sehr begehrt auf Pizza, Auflauf und Co.

Parmesan

Parmesan ist ein extraharter Käse italienischer Herkunft und heißt im Original »Parmigiano Reggiano«. Seit 1955 ist er herkunftsgeschützt, darf nur aus Parma oder umliegenden Regionen stammen und nicht mit dem Grana Padano verwechselt werden. Parmesan wird aus teilentrahmter Kuhmilch hergestellt, deshalb liegt sein Fettanteil bei nur 32 % Fett in der Trockenmasse. Mit steigendem Reifegrad (mindestens zwölf Monate) sinkt der Wasseranteil und steigt das Aroma. Da Parmesan nicht schmilzt, den Käse für eine aromatische Kruste am besten frisch reiben, mit Butterflocken vermischen und über die Speisen geben.

KüCHENPRAXIS

Was ist was?

Auflauf

Ein Auflauf bestand früher in der Regel aus etwas Süßem oder Deftigem, das durch eine Masse aus Eiern und Butter, überzogen mit Käse oder Ähnlichem, im Ofen aufgehen sollte. Heute wird ein im Ofen gebackenes Gericht aus mehreren Schichten als Auflauf bezeichnet. Hauptzutaten sind meistens Kartoffeln, Nudeln, Reis, Gemüse oder Obst, die mit einem bindungsgebenden Guss aus Eiern und Sahne oder Milch übergossen und oft mit Käse überbacken werden.

Gratin

Das Wort Gratin leitet sich aus dem Französischen ab und beschreibt ein bei hoher Temperatur überbackenes Gericht aus dem Ofen. Rohe oder vorgegarte Zutaten werden nach klassischer Definition in nur ein oder zwei Lagen geschichtet und mit oder ohne Käse knusprig gratiniert. Bei der Anzahl der Schichten bildet unser typisches Kartoffelgratin eine Ausnahme. Im Gegensatz zum Auflauf kommt ein Gratin ganz ohne Ei aus. Alledings werden die Bezeichnungen »Gratin« oder »Auflauf« zum Teil sehr willkürlich vergeben und können je nach Region auch variieren.

Soufflé

»Souffler« heißt auf Französisch »aufblasen« und beschreibt den Vorgang, der dem Soufflé seine luftig-lockere Konsistenz verleiht. Unter eine fein gewürzte Masse wird steif geschlagenes Eiweiß gehoben, das während des Garvorgangs aufgeht und für den Volumenzuwachs verantwortlich ist. Während des Backens sollte die Ofentür nicht geöffnet werden, sonst fällt das Soufflé in sich zusammen. Fertige Soufflés direkt servieren, sie verlieren schnell ihre lockere Konsistenz.

Clafoutis

Ein Clafoutis ist eine Süßspeise aus dem französischen Limousin. Das Clafoutis ist eine Mischung aus Kuchen und Auflauf und besteht aus Früchten, die mit einem süßen Eierteig überbacken werden. Der Teig ist flüssig und ähnelt einem Pfannkuchenteig. Das klassische Clafoutis wird mit Kirschen zubereitet, doch auch anderes Obst schmeckt hervorragend.

Crumble

Der Crumble ist eine typische Nachspeise aus der englischen Küche. Hierfür wird Obst aller Art mit knusprigen Streuseln überbacken. Vorgegarte oder rohe Früchte werden zerkleinert und mit Zucker, Zimt und anderen Gewürzen verfeinert. Die warmen, fruchtigen Crumbles mit Apfel oder Rhabarber sind besonders beliebt und schmecken köstlich mit Vanillesauce oder einer Kugel Eis.

Tipps und Tricks

Käsekruste

Wie gelingt eine goldgelbe Käsekruste? Um eine gleichmäßig schöne Kruste zu bekommen, sollte der Käse vor dem Überbacken gerieben werden. Das sollte erst kurz vor der Verwendung geschehen, dann entfaltet er sein volles Aroma und trocknet nicht aus. Eine krosse Kruste gelingt ganz einfach, indem zum Schluss Butterflocken über den Käse gegeben werden. Keine Sorge, wenn die Kruste zu dunkel wird, die Zutaten aber noch nicht gar sind. Einfach die Form mit Alufolie abdecken und fertig backen.

Welche Form wofür?

Gut geeignet sind Formen aus Keramik, Porzellan und Gusseisen. Letztere speichern die Wärme durch ihre Materialeigenschaften besonders gut. Auflaufformen aus Keramik bilden oftmals nach einer gewissen Zeit unschöne Risse, die auch dazu führen können, dass die Masse ausläuft. Bei Porzellan- oder Glasformen geschieht das nicht. Zudem lassen sich Porzellan und Glas gut reinigen.
Da dickwandige Auflaufformen besonders viel Wärme speichern und dunkle Formen die Wärme gut leiten, empfehlen sich Formen aus Porzellan besonders. Glasformen sind spülmaschinenfest und mikrowellengeeignet. So können erkaltete Speisen ganz einfach wieder erhitzt werden, ohne neues Geschirr dafür zu verwenden. Somit bieten alle Formen verschiedene Vor- und Nachteile.
Damit der Auflauf schön saftig bleibt und die Zutaten nicht austrocknen, möglichst eine hohe, nicht allzu große Form wählen. Für Gratin, bei dem es besonders auf eine schöne Kruste ankommt, eignet sich eine große, flache Form. Durch die große Oberfläche werden die Zutaten schnell heiß und knusprig. Da Soufflés viel Platz nach oben benötigen, werden sie meist in hohen, becherförmigen Timbale-Formen aus Porzellan gebacken. Die Innenseite der Formen muss glatt und gerade sein.

Form fetten?

Große Formen für Aufläufe und Gratins müssen nicht gefettet werden, die Zutaten enthalten ausreichend Fett und Feuchtigkeit. Die Butter lieber für eine knusprig-braune Kruste über den Käse geben. Miniformen wie für Soufflés oder kleine Portionen sollten hingegen gut eingefettet werden.

REZEPTE

Geschichtetes Gemüsegratin mit Ziegenkäse

(vege-tarisch)

🍴 Für 4 Personen   ⏱ 40 Minuten + ca. 60 Minuten Backzeit   ♦ leicht

ZUTATEN

600 g festkochende Kartoffeln
1 große Aubergine (400 g)
2 Zucchini (400 g)
2 Tomaten
2 Zwiebeln
2–3 Knoblauchzehen
300 g Ziegenkäserolle
4 EL Olivenöl plus etwas für die Form
1 Handvoll frische Lorbeerblätter
Salz
frisch gemahlener schwarzer Pfeffer
2–3 Zweige Thymian
2–3 Zweige Bohnenkraut
ca. 100 ml Gemüsebrühe

1 Den Backofen auf 200 °C Ober-/Unterhitze vorheizen. Die Kartoffeln schälen. Aubergine und Zucchini waschen und die Enden abschneiden. Die Tomaten waschen und den Stielansatz entfernen. Die Zwiebeln und die Knoblauchzehen abziehen. Das ganze Gemüse in dünne Scheiben schneiden. Den Ziegenkäse ebenso in Scheiben schneiden.

2 Eine Auflaufform (etwa 20 × 30 cm) mit etwas Olivenöl auspinseln und das Gemüse mit dem Ziegenkäse und den Lorbeerblättern darin einschichten. Eventuell übrigen Käse darüberbröseln. Mit Salz und Pfeffer kräftig würzen.

3 Thymian und Bohnenkraut waschen und trockentupfen. Die Hälfte von Thymian und Bohnenkraut fein hacken und darüberstreuen. Die restlichen Kräuterzweige auflegen. 4 EL Olivenöl mit der Gemüsebrühe verquirlen und über den Auflauf gießen. Im Ofen etwa 1 Stunde weich backen. Falls das Gratin zu dunkel wird, rechtzeitig mit Alufolie abdecken.

4 Das Gemüsegratin in der Auflaufform servieren. Dazu nach Belieben Weißbrot reichen.

(Koch dich glücklich) Du möchtest gern gut essen, dabei aber schlank und gesund bleiben? Dann sollten Zucchini definitiv öfter auf deinen Tisch kommen. Denn neben wenigen Kalorien und nur 1 % Fett enthalten sie reichlich Kalium für den Stoffwechsel, Kalzium für gesunde Knochen, Magnesium für starke Muskeln und Nerven sowie viel Eisen für die Blutbildung.

Chicorée-Speck-Auflauf
mit Kartoffeln

🍴 Für 4 Personen   🕐 30 Minuten + ca. 45 Minuten Backzeit   🍴 leicht

ZUTATEN
1 Knoblauchzehe
600 g festkochende Kartoffeln
4 Chicorée
ca. 300 ml süße Sahne
100 g Käse (z. B. Gruyère, Emmentaler),
frisch gerieben
50 g Crème fraîche
Salz
frisch geriebene Muskatnuss
frisch gemahlener schwarzer Pfeffer
2–3 Scheiben Rohschinken

ZUM GARNIEREN
frische krause Petersilie

1 Den Backofen auf 180 °C Ober-/Unterhitze vor-heizen. Die Knoblauchzehe abziehen, halbieren und die Gratinform mit den Schnittflächen ausreiben. Die Kartoffeln waschen, schälen und in sehr dünne Scheiben schneiden oder hobeln. Den Chicorée waschen und längs halbieren.

2 Die Kartoffeln gleichmäßig in eine Auflaufform (etwa 20 × 30 cm) einschichten. Die Sahne mit dem Käse und der Crème fraîche verrühren. Mit Salz, Muskat und Pfeffer würzen und über die Kartof-feln gießen. Den Chicorée mit den Schnittflächen nach oben darauflegen und leicht in die Kartoffeln drücken. Den Schinken in Streifen schneiden und auf dem Gratin verteilen.

3 Im vorgeheizten Backofen etwa 45 Minuten goldbraun backen. Sollte das Gratin zu dunkel werden, mit Alufolie abdecken.

4 Den Chicorée-Speck-Auflauf mit Petersilie bestreut servieren.

Koch dich glücklich Das, was du an Chicorée vielleicht nicht so sehr magst, macht ihn so gesund: seine Bitterstoffe. Sie regen die Magensäfte und den Gallenfluss an und senken den Blutzuckerspiegel. Und sie sor-gen dafür, dass für deinen Körper wichtige Nährstoffe gut aufgenommen und ver-wertet werden.

Gemüseauflauf (vegetarisch)
mit Kohlrabi und Karotten

🍴 Für 4 Personen   🕐 35 Minuten + ca. 40 Minuten Garzeit   🍴 leicht

ZUTATEN
3 Kohlrabi (700 g)
8 Bundkarotten (500 g)
Salz
60 g flüssige Butter plus etwas für die Form
4 Eier
250 g Magerquark
250 ml Sauerrahm
Abrieb von 1 unbehandelten Zitrone
5 EL frisch gehackte Petersilie
Cayennepfeffer
50 g Vollkorn-Semmelbrösel
2 EL frische Thymianblättchen
30 g Weizenmehl (Type 405)

1 Kohlrabi schälen, halbieren und in etwa 0,5 cm dicke Scheiben schneiden. Die Karotten schälen und längs halbieren. Kohlrabi und Karotten in kochendem Salzwasser etwa 5 Minuten bissfest garen. Herausheben, kalt abschrecken und abtropfen lassen.

2 Den Backofen auf 180 °C Umluft vorheizen. Eine Auflaufform (etwa 20 × 30 cm) buttern, Kohlrabi und Karotten abwechselnd einschichten. Eier, Quark, Sauerrahm, Zitronenabrieb und 2 EL Petersilie verrühren, mit Salz und Cayennepfeffer abschmecken. Über dem Gemüse verteilen und zunächst etwa 15 Minuten im Ofen garen.

3 In dieser Zeit Semmelbrösel, Thymianblättchen, restliche Petersilie und Mehl mischen. Die flüssige Butter dazugeben und mit den Händen zu Bröseln verarbeiten. Die Brösel über dem Auflauf verstreuen und etwa 20 Minuten fertig garen. In der Auflaufform servieren.

Koch dich glücklich Vitamin C in rauen Mengen! Schon 100 g Kohlrabi decken deinen Tagesbedarf. Was die Knolle sonst noch kann? Auch der Gehalt an den Vitaminen A und K sowie an Niacin, Biotin und Folsäure kann sich sehen lassen. Senföle unterstützen außerdem deine Abwehrkräfte.

Kartoffel-Käse-Auflauf mit Pilzen

(vege-tarisch)

🍴 Für 4 Personen   🕐 20 Minuten + ca. 45 Minuten Backzeit   🍴 leicht

ZUTATEN

600 g festkochende Kartoffeln
1 ½ Kohlrabi (400 g)
200 g braune Champignons
1 Handvoll frischer Thymian
1 Knoblauchzehe
Salz
frisch geriebene Muskatnuss
300 ml süße Sahne
1 EL Olivenöl
60 g Emmentaler, frisch gerieben

1 Den Backofen auf 160 °C Umluft vorheizen.

2 Kartoffeln und Kohlrabi schälen und in dünne Scheiben schneiden. Die Champignons putzen und ebenfalls in Scheiben schneiden. Den Thymian waschen, trockenschütteln und die Blätter abzupfen. Den Knoblauch abziehen, klein schneiden und in einer Auflaufform (etwa 20 × 30 cm) verteilen.

3 Kartoffeln, Kohlrabi, Pilze und Thymian vermengen und in die Form schichten. Mit Salz und Muskat würzen. Mit der Sahne übergießen, mit dem Olivenöl beträufeln und im Ofen etwa 45 Minuten garen, bis sich das Gemüse leicht einstechen lässt. Etwa 15 Minuten vor Ende der Garzeit den Käse über den Auflauf streuen. In der Auflaufform servieren.

Koch dich glücklich Egal, ob weiß oder braun: Champignons versorgen dich mit Eiweiß, Kupfer, Kalium, B-Vitaminen und Ballaststoffen. Außerdem enthalten sie das Provitamin D, das im Körper zu Vitamin D umgewandelt wird. Und das wiederum sorgt dafür, dass deine Knochen besser mit wichtigem Kalzium versorgt werden.

Kartoffel-Rote-Bete-Gratin in der Backform

vegetarisch

🍴 Für 4 Personen   🕐 20 Minuten + ca. 40 Minuten Backzeit   🍸 leicht

ZUTATEN

1 Knoblauchzehe
Butter für die Form
400 g festkochende Kartoffeln
2 Rote Bete (300 g)
ca. 200 ml süße Sahne
1 EL frische Thymianblättchen
60 g Bergkäse, frisch gerieben
2 EL Crème double
Salz
frisch geriebene Muskatnuss
frisch gemahlener schwarzer Pfeffer

1 Den Backofen auf 200 °C Ober-/Unterhitze vorheizen. Die Knoblauchzehe abziehen. Eine Auflaufform (etwa 20 × 30 cm) mit der Knoblauchzehe einreiben, anschließend mit Butter einfetten.

2 Kartoffeln und Rote Bete schälen, waschen und in dünne Scheiben schneiden. Die Gemüsescheiben in die Auflaufform schichten.

3 Sahne, Thymian, Käse und Crème double verrühren, mit Salz, Muskat und Pfeffer würzen und über die Kartoffeln gießen. Die Knollen sollten knapp bedeckt sein, eventuell noch etwas Sahne angießen. Im vorgeheizten Backofen 35–40 Minuten goldbraun backen. In der Auflaufform servieren.

Koch dich glücklich Rote Bete ist ein Powergemüse fürs Immunsystem, kurbelt die Blutbildung an und beeinflusst Herz und Ausdauer positiv. Noch mehr Gründe brauchst du bestimmt nicht, um öfter zu dieser Wunderknolle zu greifen, oder?

Spargel-Kartoffel-Gratin mit Mozzarella

(vege-tarisch)

🍴 Für 4 Personen   ⏱ 25 Minuten + ca. 45 Minuten Garzeit   ❗leicht

ZUTATEN
800 g festkochende Kartoffeln
1 EL Olivenöl
Salz, frisch geriebene Muskatnuss
300 ml süße Sahne
250 g weißer Spargel, 250 g grüner Spargel
50 g getrocknete Tomaten
2 EL Kapernäpfel
2 Kugeln Mozzarella (à 125 g), frisch gerieben

ZUM GARNIEREN
einige Babyspinatblätter

1 Den Backofen auf 160 °C Umluft vorheizen.

2 Die Kartoffeln schälen und in dünne Scheiben schneiden. Eine Auflaufform (etwa 20 × 30 cm) mit dem Olivenöl auspinseln, die Kartoffelscheiben einschichten und mit Salz und Muskat würzen. Mit der Sahne übergießen und im Ofen etwa 45 Minuten garen, bis sich die Kartoffelscheiben leicht einstechen lassen.

3 In der Zwischenzeit den weißen Spargel schälen, unten etwa 1–2 cm kürzen und in kochendem Salzwasser etwa 12 Minuten garen. Den grünen Spargel waschen, im unteren Drittel schälen und ebenfalls kürzen. In den letzten 5 Minuten zum weißen Spargel geben und zusammen fertig garen. Abgießen und abtropfen lassen. Die getrockneten Tomaten in dünne Streifen schneiden und die Kapernäpfel halbieren.

4 Den Spargel in den letzten 10 Minuten der Garzeit auf dem Auflauf verteilen und mit dem geriebenen Mozzarella bestreuen. Fertig garen und mit Tomatenstreifen, Kapern und Spinatblättern garniert servieren.

Koch dich glücklich Spargel ist sensationell gesund – und grüner Spargel toppt seinen weißen Bruder dabei sogar. Denn er enthält deutlich mehr Vitamin C und Betacarotin. Auch Vitamine der B-Gruppe, Mineralstoffe und Eiweiß machen ihn zu einem echten Fitnessfood.

Kartoffelgratin
(vege-tarisch)
mit Gruyère

Für 4 Personen   **25 Minuten + ca. 45 Minuten Backzeit**   **leicht**

ZUTATEN
1 EL Sonnenblumenöl
1 kg festkochende Kartoffeln
2 Knoblauchzehen
Salz
300 ml süße Sahne
frisch geriebene Muskatnuss
30 g Butter
60 g Gruyère, frisch gerieben

1 Den Backofen auf 160 °C Umluft vorheizen.

2 Eine Auflaufform (etwa 20 × 30 cm) mit dem Sonnenblumenöl ausstreichen. Die Kartoffeln schälen und in dünne Scheiben schneiden oder hobeln. Die Knoblauchzehen abziehen, klein schneiden und in die Auflaufform streuen. Drei bis vier Prisen Salz in die Form streuen.

3 Die Kartoffeln in die Form schichten und mit der Sahne übergießen. Mit Muskat würzen und die Butter in kleinen Flocken darüber verteilen. Im vorgeheizten Backofen zunächst etwa 40 Minuten backen. Danach das Gratin mit dem Käse bestreuen und die Temperatur des Backofens auf 200 °C erhöhen. 5–10 Minuten gratinieren. In der Auflaufform servieren.

Koch dich glücklich Kartoffeln halten dich rundum gesund. Sie liefern dir nur wenige Kalorien, dabei aber schnelle Energie aus ihrer Stärke. Daneben punkten sie mit einer beträchtlichen Menge an B- und C-Vitaminen sowie 15 Mineralstoffen und Spurenelementen. Besonders wertvoll ist das Kartoffeleiweiß, weil es essenzielle Aminosäuren enthält, die dein Körper nicht selbst herstellen kann.

Kartoffel-Spitzkohl-Gratin

(vege-tarisch)

⚙ Für 4 Personen   ⏱ 20 Minuten + ca. 35 Minuten Garzeit   ♦ leicht

ZUTATEN

800 g festkochende Kartoffeln, gegart (vom Vortag)
½ Spitzkohl
Salz
2 EL Margarine
2 EL Weizenmehl (Type 405)
300 ml Milch (3,5 %)
frisch geriebene Muskatnuss
50 g Ziegengouda, frisch gerieben

ZUM GARNIEREN

frisch gehackte Petersilie

1 Die Kartoffeln pellen und in Scheiben schneiden. Den Spitzkohl waschen, putzen und in Streifen schneiden. In kochendem Salzwasser etwa 4 Minuten blanchieren, dann in Eiswasser abschrecken und abtropfen lassen. Etwa 200 ml des Kochwassers abmessen.

2 Den Backofen auf 160 °C Umluft vorheizen. Die Margarine in einem Topf erhitzen, das Mehl einrühren und anschwitzen. Unter Rühren mit der Milch ablöschen, aufkochen lassen und das Spitzkohl-Kochwasser dazugeben. 2–3 Minuten köcheln lassen, mit Salz und Muskat abschmecken.

3 Die Kartoffeln und den Spitzkohl in eine Auflaufform (etwa 20 × 30 cm) schichten, mit der Sauce übergießen und den Käse darüberstreuen. Im Ofen etwa 25 Minuten überbacken, dann mit Petersilie bestreut servieren.

Koch dich glücklich Spitzkohl – der kleinste Vertreter der Kohlsorten, aber gesundheitlich ganz groß. Er ist nicht nur leichter verdaulich, in ihm stecken außerdem Vitamin C für dein Immunsystem, B-Vitamine für Nerven und Zellschutz und Betacarotin für gesunde Augen.

Kartoffelauflauf

vege-tarisch

mit Cashew-Knusperkruste

🍴 Für 4 Personen   🕐 35 Minuten + ca. 45 Minuten Garzeit   🍽 leicht

ZUTATEN

1 Zwiebel, 2 Knoblauchzehen, 3 EL Butter
1 EL Weizenmehl (Type 405), 250 ml Milch (3,5 %)
250 ml süße Sahne, Salz, frisch gemahlener
schwarzer Pfeffer, frisch geriebene Muskatnuss
1 Ei, 200 g Spinat, 1 kg festkochende Kartoffeln,
gegart (gut ausgekühlt), 3 Scheiben Toastbrot
40 g Cashewkerne, 1 EL körniger Senf

1 Die Zwiebel und die Knoblauchzehen abziehen
und fein würfeln. In einem heißen Topf in 1 EL Butter
glasig anschwitzen. Das Mehl einrühren und unter
Rühren die Milch einfließen lassen. Die Sahne dazugießen und etwa 10 Minuten leicht sämig köcheln
lassen. Mit Salz, Pfeffer und Muskat würzig abschmecken. Von der Herdplatte nehmen, kurz
abkühlen lassen und das Ei unterrühren.

2 Den Spinat waschen, putzen und in kochendem
Salzwasser kurz blanchieren. Abschrecken, gut
ausdrücken und grob hacken.

3 Den Backofen auf 180 °C Umluft vorheizen. Eine
Auflaufform (etwa 20 × 30 cm) ausbuttern.

4 Die Kartoffeln pellen und in Scheiben schneiden.
Etwas Sauce in die Form geben und darauf eine
Schicht Kartoffeln legen. Spinat darauf verteilen
und Sauce darübergießen. So fortfahren, bis alle
Zutaten eingeschichtet sind. Mit Sauce bedecken.

5 Für die Kruste den Toast zerbröseln und mit den
Cashewkernen im Blitzhacker grob zerkleinern.
Den Senf untermischen und auf dem Auflauf
verteilen. Die übrige Butter in Flöckchen darübergeben und im Ofen 30 Minuten goldbraun backen.

Koch dich glücklich
Leicht elegant gebogen, leicht süßlich
im Geschmack: Cashewkerne. Dank
ihres hohen Gehalts an Magnesium
und B-Vitaminen sind sie ein ideales Nerven-
futter. Daneben haben ihre Nährstoffe einen
positiven Einfluss auf Zähne, Knochen, Haut,
Muskeln, Augen und den Stoffwechsel.

Knusperauflauf

vegetarisch

mit Mangold

🍴 Für 1 Quicheform (ca. 22 cm Durchmesser) 🕐 25 Minuten + ca. 38 Minuten Garzeit 🕯 leicht

ZUTATEN

750 g festkochende Kartoffeln
1 Zwiebel, 1 Knoblauchzehe
ca. 60 ml Olivenöl
100 ml Gemüsebrühe
500 g Mangold
Salz, frisch gemahlener schwarzer Pfeffer
350 g Filoteig
3 Eier
250 g Schmand

1 Die Kartoffeln schälen, waschen und würfeln. Zwiebel und Knoblauchzehe abziehen und fein würfeln. Alles zusammen in einer heißen Pfanne in 2 EL Olivenöl glasig anschwitzen. Mit der Gemüsebrühe ablöschen. Etwa 5 Minuten köcheln lassen.

2 Währenddessen den Mangold waschen, putzen und in Streifen schneiden. Unter die Kartoffeln mengen, von der Herdplatte nehmen und mit Salz und Pfeffer würzen.

3 Den Backofen auf 200 °C Umluft vorheizen.

4 Die Filoteigblätter in Quadrate schneiden (jeweils mit etwa dem Durchmesser der Backform). Den Boden der Quicheform mit etwa der Hälfte der Blätter auslegen. Dabei die Form mit Olivenöl auspinseln und jede einzelne Teigschicht ebenfalls mit Öl bestreichen.

5 Die Eier mit dem Schmand unter das Gemüse heben, abschmecken und gleichmäßig auf dem Teigboden verteilen. Mit dem restlichen Teig in Schichten (wieder jeweils mit Öl bepinselt) bedecken. Auch die letzte Teigschicht mit Öl bepinseln und im Ofen etwa 30 Minuten goldbraun und knusprig backen. In der Quicheform servieren.

Koch dich glücklich

Mangold liegt gerade voll im Ernährungstrend. Und das völlig zu Recht – nicht nur wegen seines pikant-würzigen Geschmacks. Der hohe Anteil an Vitaminen, Eiweiß, Jod, Kalium, Eisen und Natrium macht ihn wertvoll für deine Gesundheit. Vor allem Vitamin K: Es spielt eine wichtige Rolle bei Knochenbildung und Blutgerinnung. Vitamin C sorgt für köperliche und geistige Frische, vor allem in Stresssituationen.

Süßkartoffelauflauf
mit Blätterteighaube

🍴 Für 4 Personen   🕐 25 Minuten + ca. 45 Minuten Garzeit   🍴 leicht

ZUTATEN
1 kg Süßkartoffeln
1 Zwiebel
4 EL Olivenöl
Salz
frisch gemahlener schwarzer Pfeffer
1 Rolle Blätterteig (ca. 360 g;
aus dem Kühlregal)
80 g Parmesan, gewürfelt
1 Eiweiß

ZUM GARNIEREN
frisch geriebener Parmesan
frisch gehackte Petersilie

1 Den Backofen auf 160 °C Ober-/Unterhitze vorheizen.

2 Die Süßkartoffeln schälen und würfeln. Die Zwiebel abziehen und in Streifen schneiden. Das Olivenöl in einer großen Pfanne erhitzen, Kartoffeln und Zwiebeln darin anschwitzen. Mit Salz und Pfeffer würzen.

3 Den Blätterteig auswickeln und einmal zusammenfalten. Den Pfanneninhalt in eine runde Auflaufform mit hohem Rand füllen und den Käse darauf verteilen. Den Rand mit dem verquirlten Eiweiß bestreichen, den Blätterteig rund (etwas größer als der Durchmesser der Form) ausschneiden und über die Form legen. Die Ränder an der Form andrücken und den Auflauf etwa 45 Minuten im Ofen garen.

4 Mit geriebenem Parmesan und frisch gehackter Petersilie bestreuen und aus der Form servieren.

Koch dich glücklich Süßkartoffeln sind tolle und richtig gesunde Knollen: Sie sind kalorien- und fettarm und dabei prall gefüllt mit vielen Vitaminen und Mineralstoffen wie Betacarotin, B-Vitaminen, Calcium, Kalium und Eisen. Süß schmecken sie übrigens wirklich.

Tomatengratin

mit **Thymian**

¶ Für 4 Personen   ⏱ **20 Minuten + ca. 25 Minuten Backzeit**   ❦ **leicht**

ZUTATEN

4–5 EL Olivenöl
250 g Filoteig
500 g gemischte Cocktailtomaten
(rot und grün)
2 Knoblauchzehen
250 g Ricotta
1 EL Zitronensaft
1 Msp. Abrieb von 1 unbehandelten
Zitrone
Salz
frisch gemahlener schwarzer Pfeffer
3–4 Zweige Thymian
1 Kugel Mozzarella (125 g), frisch
gerieben

1 Eine Gratinform oder Reine mit Olivenöl ausstreichen und in zwei bis drei Lagen mit den Filoteigblättern auslegen. Die Ränder leicht überhängen lassen und jede Lage Teig mit Öl bepinseln.

2 Den Backofen auf 200 °C Umluft vorheizen.

3 Die Tomaten waschen, putzen und in Scheiben oder Spalten schneiden. Den Knoblauch abziehen und in eine Schüssel pressen. Mit Ricotta, Zitronensaft und -abrieb, Salz und Pfeffer verrühren und auf den Teigboden streichen.

4 Mit den Tomatenscheiben belegen und die abgezupften Thymianblätter darüber verteilen. Mit dem Käse bestreuen und die Teigränder darüberschlagen. Die umgeklappten Teigränder mit Öl bepinseln und im Ofen etwa 25 Minuten goldbraun backen.

5 Das Tomatengratin lauwarm servieren.

Koch dich glücklich Du fühlst dich energie- und schlaflos? Angespannt und unruhig? Hast Probleme mit Haut, Leber oder Darm? In all diesen Fällen kann Thymian mit seinen wertvollen Inhaltsstoffen deinen Körper unterstützen. Seine Kraft beruht vor allem auf den Eigenschaften seiner ätherischen Öle.

Clafoutis (vege-tarisch)
mit Ziegenfrischkäse

🍴 Für 4 Personen   🕐 15 Minuten + ca. 25 Minuten Garzeit   ❚ leicht

ZUTATEN
Butter für die Formen
350 g Cocktailtomaten
150 g Ziegenfrischkäse
175 ml süße Sahne
200 ml Milch (3,5 %)
3 Eier
3 EL Weizenmehl (Type 405)
Salz
frisch gemahlener schwarzer Pfeffer
4 Prisen gerebelter Oregano

1 Den Backofen auf 180 °C Umluft vorheizen. Vier flache Auflaufformen (etwa 12 cm Durchmesser) buttern.

2 Die Cocktailtomaten waschen. Den Ziegenfrischkäse zerbröseln. Sahne, Milch, Eier und Mehl verquirlen, mit Salz und Pfeffer würzen.

3 Die Sahnemischung in den Formen verteilen. Mit dem Frischkäse und dem Oregano bestreuen und die Tomaten darauf verteilen. Im Backofen 20–25 Minuten garen, bis die Sahnemischung vollständig gestockt ist. Warm oder lauwarm servieren.

(**Koch dich glücklich**) Du hast immer öfter Bock auf Ziegenkäse? Gut so! Besonders die vielen Peptide und Aminosäuren sind gut für dich. Plus: reichlich Phosphor, Kalzium, Chlorid sowie Linol- und Linolensäure, die dein Körper nicht selbst aufbauen kann, aber für deine Gesundheit unentbehrlich sind.

Sauerkrautauflauf
mit Birnen und Trauben

🍴 Für 4 Personen   🕐 20 Minuten + ca. 40 Minuten Backzeit   🍸 leicht

ZUTATEN
400 g festkochende Kartoffeln
1 Birne
1 Zwiebel
100 g vegetarische Salami
200 g helle kernlose Weintrauben
400 g Sauerkraut (frisch oder aus der Dose)
200 g Crème fraîche
60 g Gouda, frisch gerieben
2 EL fische Schnittlauchröllchen
Salz
frisch gemahlener schwarzer Pfeffer

ZUM GARNIEREN
frische Schnittlauchröllchen

1 Den Backofen auf 180 °C Ober-/Unterhitze vorheizen.

2 Die Kartoffeln schälen, waschen und klein würfeln. Die Birne waschen, vierteln, das Kerngehäuse entfernen und die Viertel klein würfeln. Die Zwiebel abziehen und in kleine Würfel schneiden. Auch die Salami klein würfeln.

3 Die Weintrauben waschen und mit Kartoffeln, Birnen, Zwiebeln und Salami in einer Auflaufform (etwa 20 × 30 cm) oder vier Portionsformen verteilen. Das Sauerkraut gut abtropfen lassen und darauf verteilen.

4 Die Crème fraîche mit dem Gouda und dem Schnittlauch verrühren. Mit Salz und Pfeffer würzen. Auf dem Sauerkraut verteilen und im Ofen etwa 40 Minuten goldbraun backen. Mit Schnittlauchröllchen bestreut servieren.

Koch dich glücklich Gut für Herz, Kreislauf, Verdauung und Aktivität des Gehirns – das alles auf einmal leistet die Birne. Folsäure stärkt Herz und Kreislauf und macht dir gute Laune, weil sie an der Produktion von Glückshormonen beteiligt ist. Die große Palette an B-Vitaminen stärkt deine Nerven und durch viele Ballaststoffe machen Birnen dich schnell satt.

Sellerie-Topinambur- Gratin mit Champignons

vege-tarisch

|| Für 4 Personen   ⏱ 25 Minuten + ca. 45 Minuten Garzeit   ❢ leicht

ZUTATEN
500 g Knollensellerie
500 g Topinambur
Salz
400 g weiße Champignons
1 Zwiebel
60 g Butter
2 EL frisch gehackte Petersilie
frisch gemahlener schwarzer Pfeffer
ca. 150 ml Milch (3,5 %)
frisch geriebene Muskatnuss
60 g Emmentaler, frisch gerieben
2 EL gehackte Haselnusskerne

1 Sellerie und Topinambur schälen, waschen und in Salzwasser etwa 30 Minuten gar kochen.

2 Die Champignons putzen und je nach Größe ganz lassen oder in Stücke schneiden. Die Zwiebel abziehen, fein würfeln und in 1 EL heißer Butter glasig anschwitzen. Die Pilze dazugeben und 2–3 Minuten goldbraun braten. Die Petersilie dazugeben und mit Salz und Pfeffer würzen.

3 Das Gemüse abgießen, durch die Kartoffelpresse drücken und ausdampfen lassen. Mit 2–3 EL Butter und heißer Milch zu einem geschmeidigen Püree verrühren. Mit Salz und Muskat abschmecken.

4 Den Backofen auf 180 °C Umluft vorheizen.

5 Eine Auflaufform (etwa 20 × 30 cm) mit Butter ausstreichen und die Hälfte vom Püree hineinfüllen. Die Pilze darauf verteilen und mit dem Käse bestreuen. Das übrige Püree darüberstreichen und mit der restlichen Butter in Flöckchen belegen. Mit den Nüssen bestreuen und im Ofen etwa 15 Minuten goldbraun gratinieren. In der Auflaufform servieren.

(**Koch dich glücklich**) Topinambur ist eine kleine Wunder-knolle und sollte auf deinem Teller der Kartoffel viel öfter Konkurrenz machen. Durch viel Kalium wirkt sie ent-wässernd und entschlackend, Eisen fördert die Blutbildung, Kalzium und Kieselsäure festigen Knochen und Zähne und beugen Haarausfall vor. Dabei bringen sie nur 31 Ka-lorien auf 100 g mit – etwa 60 % weniger als Kartoffeln.

Staudenselleriegratin

vegetarisch

mit Pinienkernen

🍴 Für 4 Personen   🕐 25 Minuten + ca. 20 Minuten Garzeit   🍸 leicht

ZUTATEN
Sonnenblumenöl für die Formen
1–1 ½ kg Staudensellerie
Salz
1 Handvoll gemischte frische Kräuter (z. B. Thymian,
Oregano, Minze, Basilikum)
150 ml trockener Weißwein
Saft von 1 Zitrone
frisch gemahlener schwarzer Pfeffer
150 g Blauschimmelkäse

ZUM GARNIEREN
4 EL Pinienkerne

1 Den Backofen auf 200 °C Ober-/Unterhitze vorheizen. Vier eckige, ofenfeste Portions-Auflaufformen mit etwas Öl auspinseln.

2 Den Sellerie waschen, etwas Grün abzupfen und zur Seite legen. Von den Stangen, falls nötig, die Fäden abziehen und in Stücke (etwa in Breite der Formen) schneiden. In kochendem Salzwasser etwa 5 Minuten köcheln lassen, sodass sie noch Biss haben. Abgießen, kalt abschrecken und abtropfen lassen. Den Sellerie in die Formen schichten.

3 Die Kräuter abbrausen, trockenschütteln und mit dem Selleriegrün fein hacken. Mit Wein, Zitronensaft, Salz und Pfeffer verrühren und über den Sellerie gießen. Den Käse darüberbröseln und im Ofen 10–15 Minuten gratinieren.

4 Die Pinienkerne in einer Pfanne ohne Fett goldbraun rösten. Das Gratin mit den Pinienkernen bestreut servieren.

Koch dich glücklich
Staudensellerie ist besonders reich an Kalium, Natrium, Magnesium und Kalium. Darüber hinaus enthält er zahlreiche sekundäre Pflanzenstoffe, die nicht nur für sein typisches Aroma verantwortlich sind, sondern den gesamten Stoffwechsel positiv beeinflussen. Er gilt als harntreibend und soll entspannend und beruhigend wirken.

Wintergemüseauflauf
mit Haselnüssen

vegetarisch

🍴 Für 4 Personen 🕐 20 Minuten + ca. 35 Minuten Garzeit ❗ leicht

ZUTATEN
3 Karotten
3 Pastinaken
4 Petersilienwurzeln
1 EL Butter
Salz
frisch gemahlener schwarzer Pfeffer
8 Eier
200 ml süße Sahne
50 g Parmesan, frisch gerieben
50 g Haselnusskerne

ZUM GARNIEREN
frischer Oregano

1 Den Backofen auf 160 °C Umluft vorheizen.

2 Das Gemüse schälen und der Länge nach vierteln. Die Butter in einer großen Pfanne erhitzen und das Gemüse darin anbraten. Mit etwa 100 ml Wasser ablöschen und kochen lassen, bis die Flüssigkeit verdampft ist. Mit Salz und Pfeffer würzen.

3 Das Gemüse in eine Auflaufform (etwa 20 × 30 cm) schichten. Die Eier mit der Sahne und dem Parmesan verquirlen. Mit Pfeffer würzen und über dem Gemüse verteilen. Im Ofen etwa 30 Minuten backen, bis die Eimasse gestockt ist.

4 Die Haselnüsse in Scheiben schneiden und auf dem Auflauf verteilen. Mit frischem Oregano bestreuen und servieren.

Koch dich glücklich Haselnüsse sind ein Top-Fitnessfood: Lecithin macht deinen Kopf klar und erleichtert deinem Gehirn die Arbeit. Vitamin E sorgt für eine straffe und geschmeidige Haut – schon eine Handvoll am Tag reicht. Und im Vergleich zu Milch haben sie nahezu die doppelte Menge an Kalzium.

Kürbis-Zucchini- Auflauf mit Ricotta

(vege-tarisch)

🍴 Für 4 Personen ⏱ 25 Minuten + ca. 35 Minuten Garzeit 🔺 leicht

ZUTATEN

200 g kleine Champignons
1 EL Butter
Salz
frisch gemahlener schwarzer Pfeffer
500 g Kürbisfruchtfleisch (z. B. Muskat oder Butternut)
4 kleine Zucchini
2 Handvoll Babyspinat
4 Zweige frischer Oregano
800 g geschälte Tomaten (aus der Dose)
300 g Ricotta

1 Die Champignons putzen. Die Butter in einer Pfanne erhitzen und die Champignons darin leicht gebräunt braten. Salzen, pfeffern und aus der Pfanne nehmen.

2 Das Kürbisfruchtfleisch würfeln und in kochendem Salzwasser 6–8 Minuten vorgaren. Abgießen und abtropfen lassen. Die Zucchini waschen, putzen und längs vierteln. In einer Grillpfanne braten, bis die Zucchini ein Grillmuster annehmen.

3 Den Backofen auf 180 °C Umluft vorheizen.

4 Den Spinat waschen und trockenschütteln. Den Oregano waschen, trockenschütteln und die Blätter von den Stängeln zupfen. Champignons, Kürbis, Zucchini, Spinat und Oregano vermengen, salzen, pfeffern und in einer Auflaufform (etwa 20 × 30 cm) verteilen. Den Saft der Dosentomaten über das Gemüse gießen, die Tomaten hacken und zusammen mit dem Ricotta darüber verteilen. Im Backofen etwa 25 Minuten fertig garen und in der Auflaufform servieren.

Koch dich glücklich) Kürbisfruchtfleisch enthält viele Carotinoide, die als Vorstufe von Vitamin A gut für deine Augen sind. Außerdem verhindern Antioxidantien die Bildung von freien Radikalen, Kalium ist wichtig für den Flüssigkeitshaushalt und die Ballaststoffe beugen beispielsweise Karies vor. Und richtig satt macht Kürbis dich sowieso.

Blumenkohlauflauf
mit Semmelknödeln

🍴 Für 4 Personen   ⏱ 50 Minuten + ca. 15 Minuten Ziehzeit + ca. 50 Minuten Garzeit   ❦ leicht

FÜR DIE SEMMELKNÖDEL
500 g Knödelbrot
200 ml Milch (3,5 %)
1 Zwiebel
½ Handvoll frische Petersilie
1 EL Butter
Salz
frisch gemahlener schwarzer Pfeffer
frisch geriebene Muskatnuss
2 Eier
evtl. Semmelbrösel

FÜR DEN AUFLAUF
1 Blumenkohl
Salz
200 g Cabanossi
½ Handvoll frische Petersilie
200 ml süße Sahne
2 TL edelsüßes Paprikapulver
frisch gemahlener schwarzer Pfeffer
150 g Bergkäse, frisch gerieben

1 Das Knödelbrot in eine große Schüssel geben. Die Milch aufkochen lassen und über das Brot gießen. Etwa 15 Minuten ziehen lassen.

2 Währenddessen die Zwiebel abziehen und fein würfeln. Die Petersilie waschen, trockenschütteln, die Blätter abzupfen und fein hacken. In einem kleinen Topf die Zwiebeln in heißer Butter glasig anschwitzen, von der Herdplatte nehmen und die Petersilie untermengen. Zum Knödelbrot geben. Mit Salz, Pfeffer und Muskat würzen.

3 Die Eier dazugeben und mit den Händen alles gut verkneten. Falls nötig, noch ein wenig Semmelbrösel hinzufügen. Einen großen Topf mit Salzwasser aufkochen lassen. Mit angefeuchteten Händen aus der Masse kleine Knödel formen, vorsichtig in das sprudelnd kochende Wasser geben und etwa 15–20 Minuten nur noch sieden lassen. Schwimmen die Knödel alle an der Oberfläche und drehen sich, mit einem Schaumlöffel herausheben und vollständig auskühlen lassen.

4 Den Backofen auf 220 °C Ober-/Unterhitze vorheizen.

5 Den Blumenkohl waschen, putzen und in Röschen teilen. In kochendem Salzwasser etwa 5 Minuten blanchieren. Anschließend abgießen, eiskalt abschrecken und abtropfen lassen. Die Wurst in Stücke schneiden. Die Petersilie waschen, trockenschütteln, die Blättchen abzupfen und fein hacken. Die Sahne mit 2 EL Petersilie, Paprika, Salz und Pfeffer verquirlen und in eine große Auflaufform gießen.

6 Die Knödel mit dem Blumenkohl und der Wurst in der Form verteilen und mit dem Käse bestreuen. Im vorgeheizten Ofen etwa 20 Minuten backen. Mit der restlichen Petersilie bestreut servieren.

Koch dich glücklich Blumenkohl macht in Sachen Gesundheit eine richtig gute Figur: Durch seinen hohen Vitamin-C-Gehalt wird dein Immunsystem gestärkt. Kalium schwemmt Wasser aus dem Körper und die Folsäure ist wichtig, um Zellen zu erneuern.

Blumenkohlauflauf
mit Tomatensauce

🍴 Für 4 Personen   🕐 15 Minuten + ca. 30 Minuten Garzeit   🍸 leicht

ZUTATEN
1 Blumenkohl
Salz
2 EL Zitronensaft
2 Knoblauchzehen
4 Tomaten
3 EL Olivenöl
2 Prisen Zucker
150 ml trockener Weißwein
50 ml süße Sahne
400 g gehackte Tomaten (aus der Dose)
frisch gemahlener schwarzer Pfeffer
180 g Halloumi

1 Den Blumenkohl waschen, putzen und in Röschen teilen. In kochendem Salzwasser mit dem Zitronensaft 8–10 Minuten garen, dann abgießen und abtropfen lassen.

2 Den Backofen auf 180 °C Umluft vorheizen.

3 Die Knoblauchzehen abziehen und fein hacken. Die frischen Tomaten waschen und ebenfalls hacken. Das Olivenöl in einem Topf erhitzen und den Knoblauch darin glasig anschwitzen. Die Tomaten und den Zucker hinzufügen und mit dem Weißwein ablöschen.

4 Die Sahne und die Dosentomaten dazugeben, etwa 5 Minuten köcheln lassen und dann mit einem Stabmixer pürieren. Mit Salz und Pfeffer abschmecken. Den Käse würfeln.

5 Den Blumenkohl und den Käse in einer Auflaufform (etwa 20 × 30 cm) verteilen, mit der Tomatensauce übergießen und im Ofen etwa 20 Minuten gratinieren. In der Auflaufform servieren.

Koch dich glücklich Tomaten schmecken gut und tun dir gut. Da sie etwa zu 94 % aus Wasser bestehen und gerade mal 17 Kalorien auf 100 g enthalten, bekommen sie für eine leichte und gesunde Küche das Prädikat »besonders wertvoll«. Außerdem stecken in ihnen Folsäure, Magnesium, Kalium und Kalzium sowie viele Spurenelemente, die dein Körper benötigt.

Soufflé mit Speck und Käse

🍴 Für 4 Personen   🕐 40 Minuten + ca. 60 Minuten Garzeit   🍴 mittel

ZUTATEN
1 kg mehligkochende Kartoffeln
Salz
150 g durchwachsener Speck (in dünnen Scheiben)
125 g Gouda
Butter für die Form
4 Eier
75 g Butter
125 ml süße Sahne
frisch gemahlener schwarzer Pfeffer
frisch geriebene Muskatnuss

1 Die Kartoffeln etwa 25 Minuten in kochendem Salzwasser weich kochen.

2 In der Zwischenzeit den Speck, bis auf zwei bis drei Scheiben, klein würfeln. Den Käse reiben. Die Kartoffeln abgießen, ausdampfen lassen und pellen. In einem hohen Gefäß pürieren.

3 Den Backofen auf 180 °C Ober-/Unterhitze vorheizen. Eine runde Auflaufform mit Butter ausstreichen. Die Eier trennen und das Eiweiß zu steifem Eischnee schlagen. Die Butter mit dem Eigelb schaumig schlagen. Die Sahne unterrühren.

4 Kartoffelpüree und Speck einrühren. Mit Salz, Pfeffer und Muskat kräftig würzen und den Eischnee unterheben. In die Form füllen und die übrigen Speckscheiben auflegen. Im Ofen etwa 35 Minuten goldbraun backen. Das Soufflé heiß servieren.

Koch dich glücklich Die Inhaltsstoffe der Muskatnuss schützen nicht nur dein Herz, sondern stärken auch Magen und Darm. Muskat zählt übrigens zu den Aphrodisiaka. Schon die alten Inder und Araber kannten seine stimulierende Wirkung.

Spinat-Tofu-Lasagne
mit Kurkuma

¶¶ Für 4 Personen ⏱ **60 Minuten + ca. 45 Minuten Garzeit** ✦ **leicht**

ZUTATEN

1 kg TK-Blattspinat
30–40 g frische Kurkumawurzel
2–3 Orangen
500 g Seidentofu (erhältlich im Bioladen)
100 g Tahin (Sesammus; erhältlich im Bioladen)
ca. 350 ml Gemüsebrühe
80 g Butter
4 EL Weizenmehl (Type 405)
Salz
frisch gemahlener schwarzer Pfeffer
frisch geriebene Muskatnuss
2 EL Kapern (aus dem Glas)
1 Stange Lauch
12–16 Lasagneblätter
1 altbackenes Vollkornbrötchen (vom Vortag)
2 EL Kürbiskerne

1 Den Spinat auftauen lassen. Die Kurkumawurzel schälen und klein schneiden. Die Orangen rundherum mit einem scharfen Messer schälen und das Fruchtfleisch grob schneiden. Mit Kurkuma, Tofu und Tahin in den Mixer geben und fein pürieren. Dabei die Brühe zugießen und glatt mixen.

2 40 g Butter in einem Topf zerlassen, das Mehl einrühren und goldgelb anschwitzen. Den Tofumix dazugießen und unter Rühren einmal aufkochen lassen. Dann von der Herdplatte nehmen und mit Salz, Pfeffer, Muskat und Kapern würzen.

3 Den Lauch waschen, putzen und in Ringe schneiden. Den Spinat in einem Sieb ausdrücken, danach etwas auflockern.

4 Den Backofen auf 180 °C Ober-/Unterhitze vorheizen. Etwas Sauce in eine eckige Auflaufform geben und mit drei bis vier Lasagneblättern bedecken. Darauf etwa die Hälfte vom Spinat und von den Lauchringen verteilen. Mit Sauce bestreichen und mit Lasagneblättern bedecken. Die nächste Schicht ebenso in die Form füllen und mit Lasagneblättern abdecken. Mit übriger Sauce dick bestreichen und im Ofen 30–40 Minuten backen.

5 Das Brötchen mit den Kürbiskernen im Blitzhacker zu groben Bröseln mahlen. Die restliche Butter zerlassen und mit den Bröseln vermengen. In den letzten 5–10 Minuten auf die Lasagne streuen. In der Auflaufform servieren.

Koch dich glücklich Kürbiskerne gelten als Nervennahrung. Dafür sorgen die enthaltenen B-Vitamine. Hinzu kommt ein großer Anteil Vitamin E, das deinen Körper vor schädlichen freien Radikalen schützt.

Makkaroni-Gratin
mit Rosenkohl und Lachs

🍴 Für 4 Personen   🕐 25 Minuten + ca. 45 Minuten Garzeit   ❢ leicht

ZUTATEN
400 g kleine Makkaroni
Salz
250 g Lachsfilet
frisch gemahlener schwarzer Pfeffer
300 g Rosenkohl
2 Prisen Natron
150 g Camembert
4 EL Olivenöl
frisch geriebene Muskatnuss

1 Die Nudeln nach Packungsanleitung in kochendem Salzwasser garen. Abgießen und abtropfen lassen.

2 In der Zwischenzeit das Lachsfilet waschen, mit Küchenpapier trockentupfen und in Würfel schneiden. Von allen Seiten salzen und pfeffern.

3 Den Rosenkohl putzen, waschen und in kochendem Salzwasser zusammen mit dem Natron 6–8 Minuten garen. In dieser Zeit den Camembert in Scheiben schneiden.

4 Den Backofen auf 180 °C Umluft vorheizen.

5 Die Nudeln mit dem Lachs und dem abgetropften Rosenkohl vermischen und in eine Auflaufform (etwa 20 × 30 cm) schichten. Das Olivenöl darüberträufeln. Mit Salz und Muskat würzen. Den Käse darüber verteilen und im vorgeheizten Backofen 25–30 Minuten garen. In der Auflaufform servieren.

Koch dich glücklich Mit Rosenkohl ist das ja so eine Sache. Entweder man liebt ihn oder man hasst ihn. Das ist ein Plädoyer, ihn zu lieben. Denn kaum eine Kohlart ist so gesund: Er beugt Erkältungen vor, soll nervenberuhigend wirken und vor Schwächeanfällen schützen. Seine Powerstoffe sind Selen, Zink und die Vitamine A und C.

Auflauf
à la carbonara

🍴 Für 4 Personen   🕐 15 Minuten + ca. 20 Minuten Garzeit   🍸 leicht

ZUTATEN
175 g Katenschinken
1 große Zwiebel
1 Knoblauchzehe
250 g Cocktailtomaten
400 g Pappardelle
Salz
2 EL Olivenöl
4 Eier
400 ml Milch (3,5 %)
frisch gemahlener schwarzer Pfeffer

ZUM GARNIEREN
4 EL frisch geriebener Parmesan
2 EL Schnittlauchröllchen

1 Den Schinken klein würfeln. Die Zwiebel und die Knoblauchzehe abziehen und fein würfeln. Die Tomaten waschen und halbieren. Die Nudeln in kochendem Salzwasser sehr bissfest garen. Danach abgießen, abschrecken und gut abtropfen lassen.

2 Den Backofen auf 220 °C Ober-/Unterhitze vorheizen.

3 Das Olivenöl in einer Pfanne erhitzen und die Zwiebeln darin anschwitzen. Knoblauch und Schinken dazugeben und kurz anbraten. Tomaten und Nudeln unterheben. In eine Auflaufform (etwa 20 × 30 cm) geben. Die Eier mit Milch, Salz und Pfeffer verrühren. Über die Nudeln gießen und im Ofen etwa 8 Minuten überbacken.

4 Den Auflauf mit Parmesan und Schnittlauch bestreut servieren.

Koch dich glücklich   Achte beim Einkauf darauf, dass du immer natives oder extra natives Olivenöl kaufst. Das darf dann ruhig etwas teurer sein, denn für wenig Geld bekommst du keine erstklassige Qualität. Und auch nicht genau die Inhaltsstoffe, die dein Herz schützen.

Makkaroni-Gratin
mit Brokkoli

🍴 Für 4 Personen 🕐 20 Minuten + ca. 30 Minuten Garzeit 🍴 leicht

ZUTATEN
500 g kurze Makkaroni
Salz
1 Brokkoli (ca. 500 g)
200 g Frischkäse
200 ml süße Sahne
2 Eier
frisch gemahlener schwarzer Pfeffer
100 g geräucherte Putenbrust
120 g Gouda, frisch gerieben

1 Die Nudeln in kochendem Salzwasser so garen, dass sie noch sehr bissfest sind. Kurz abschrecken und abtropfen lassen.

2 Den Brokkoli waschen, in Röschen teilen und in kochendem Salzwasser 3 Minuten garen. In Eiswasser abschrecken und abtropfen lassen.

3 Den Backofen auf 200 °C Umluft vorheizen.

4 Den Frischkäse mit Sahne und Eiern glatt rühren, mit Salz und Pfeffer würzen. Die Putenbrust in Würfel schneiden.

5 Die Nudeln mit der Putenbrust und dem Brokkoli in eine Auflaufform (etwa 20 × 30 cm) füllen. Mit der Frischkäsemischung übergießen.

6 Mit dem geriebenen Käse bestreuen und im vorgeheizten Backofen etwa 20 Minuten gratinieren. In der Auflaufform servieren.

Koch dich glücklich Brokkoli ist eine Nährstoffbombe. Er versorgt dich mit jeder Menge Vitamin C und schützt dadurch vor Erkältungen. Hinzu kommen große Mengen Eisen, Magnesium, Kalium und Folsäure. Und: In dem Gemüse findet sich das Antioxidans Sulforaphan, das deine Haut vor UV-Strahlung schützt.

Makkaroni-Auflauf
mit Fleischklößchen

🍴 Für 4 Personen   ⏱ 45 Minuten + ca. 50 Minuten Garzeit   ▼ leicht

ZUTATEN
500 g gemischtes Hackfleisch
1 EL frisch gehackte Petersilie
1 EL frisch gehacktes Basilikum
1 Ei, 2–3 EL Semmelbrösel
Salz, frisch gemahlener schwarzer
Pfeffer
2 EL Olivenöl, 8 Tomaten, 1 Zwiebel,
1 Knoblauchzehe
1 TL getrockneter Oregano
400 g Makkaroni, 1 Kugel Mozzarella
(125 g)
4–6 EL geriebener Parmesan

ZUM GARNIEREN
einige frische Basilikumblättchen

1 Das Hackfleisch in eine Schüssel geben. Gut mit Petersilie, Basilikum, dem Ei und den Semmelbröseln vermengen und mit Salz und Pfeffer würzen. Aus der Masse Bällchen formen. In einer heißen Pfanne in 1 EL heißem Olivenöl rundherum 3–4 Minuten goldbraun braten. Von der Herdplatte nehmen.

2 Die Tomaten blanchieren, abschrecken, enthäuten, vierteln, entkernen und klein würfeln. Die Zwiebel und die Knoblauchzehe abziehen und fein würfeln. Beises in einem heißen Topf in 1 EL Olivenöl glasig anschwitzen. Die Tomaten dazugeben, den Oregano untermischen und einige Minuten köcheln lassen, bis eine sämige Konsistenz erreicht ist. Mit Salz und Pfeffer abschmecken, von der Herdplatte nehmen und die Hackbällchen untermischen.

3 Den Backofen auf 200 °C Ober-/Unterhitze vorheizen.

4 Die Makkaroni in kochendem Salzwasser so kochen, dass sie noch sehr bissfest sind. Abschrecken und gut abtropfen lassen. Unter die Hackbällchen mischen und in eine Auflaufform (etwa 20 × 30 cm) füllen. Den Mozzarella würfeln und auf den Nudeln verteilen. Mit dem Parmesan bestreuen und im Ofen etwa 30 Minuten goldbraun überbacken.

5 Den Makkaroni-Auflauf mit Basilikumblättchen garniert servieren.

Koch dich glücklich Rot, rund und gesund: Neben viel Vitamin A, B, C und E enthalten Tomaten Lycopin, das in deinem Körper die schädlichen freien Radikale bekämpft. Und das Schönheitsvitamin Botin ist gut für Nägel, Haut und Haare.

Mangold-Lasagne
mit Ricotta

Für 4–6 Personen **60 Minuten + ca. 50 Minuten Garzeit** **leicht**

ZUTATEN
600 g Tomaten
1,2 kg Mangold
2 Zwiebeln
2 Knoblauchzehen
100 g Walnusskerne
3 EL Sonnenblumenöl
Salz
frisch gemahlener schwarzer Pfeffer
frisch geriebene Muskatnuss
1 TL Weizenmehl (Type 405)
100 ml trockener Weißwein
400 g Ricotta
100 ml süße Sahne
1–2 EL Zitronensaft
ca. 250 g Lasagneblätter
4–6 EL geriebener Parmesan
20 g Butter

ZUM GARNIEREN
frische Basilikumblätter

1 Die Tomaten waschen und ein bis zwei Stück in dünne Scheiben schneiden. Die restlichen Tomaten klein würfeln. Den Mangold waschen, die Stiele von den Blättern trennen und die Stiele klein würfeln. Die Blätter in Streifen schneiden.

2 Die Zwiebeln und die Knoblauchzehen abziehen und fein hacken. Die Walnüsse in einer Pfanne ohne Fett duftend rösten, herausnehmen und grob hacken. 2 EL Öl in einem Topf erhitzen und die halbe Menge Zwiebeln und Knoblauch sowie die Mangoldstiele glasig anschwitzen. Die Mangoldblätter dazugeben und zusammenfallen lassen. Mit Salz, Pfeffer und Muskat würzen und von der Herdplatte nehmen.

3 Die andere Hälfte Zwiebeln und Knoblauch im restlichen Öl anschwitzen. Das Mehl dazugeben und kurz mit anschwitzen, mit dem Wein ablöschen und leicht binden lassen. Ricotta, Sahne und Zitronensaft unterrühren und die Sauce mit Salz und Muskat abschmecken.

4 Den Backofen auf 200 °C Ober-/Unterhitze vorheizen. Eine große Auflaufform mit etwas Ricottasauce ausstreichen und mit Nudelplatten auslegen. Darauf Mangold, einige Tomatenstücke, Walnüsse und etwas Sauce geben. Mit Nudelplatten bedecken und so fortfahrend die Lasagne einschichten. Mit Ricottasauce abschließen und mit Tomatenscheiben belegen.

5 Mit dem Parmesan bestreuen und mit der Butter in Flöckchen belegen. Im Ofen etwa 40 Minuten backen. Mit Basilikum garniert servieren.

Koch dich glücklich Das Geheimnis um die gesunden Inhaltsstoffe von Walnüssen ist längst geknackt: Sie tragen entscheidend dazu bei, die Elastizität der Blutgefäße zu verbessern – und das wiederum verhindert Herz-Kreislauf-Erkrankungen. Wenn du täglich 30 g isst, gönnst du dir also was richtig Gutes.

Hackfleischlasagne
mit Kirschtomaten

🍴 Für 4 Personen   🕐 50 Minuten + ca. 90 Minuten Garzeit   🍴 leicht

FÜR DIE BOLOGNESESAUCE
1 Zwiebel
2 Knoblauchzehen
1 Karotte
1 Stange Staudensellerie
1 grüne Paprikaschote
500 g Kirschtomaten
400 g gemischtes Hackfleisch
1–2 EL Olivenöl
1 EL Tomatenmark
150 ml Fleischbrühe
1 EL frisch gehackter Oregano
Salz
frisch gemahlener schwarzer Pfeffer

FÜR DIE BÉCHAMELSAUCE
2 EL Butter
2 EL Weizenmehl (Type 405)
ca. 400 ml Milch (3,5 %)
Salz
frisch gemahlener schwarzer Pfeffer
frisch geriebene Muskatnuss

AUSSERDEM
12 Lasagneblätter
40 g Parmesan, frisch gerieben
1 EL Butterflocken

1 Zwiebel, Knoblauchzehen, Karotte und Sellerie waschen, putzen, abziehen beziehungsweise schälen und fein würfeln. Die Paprikaschote waschen, halbieren, putzen und klein schneiden. Die Tomaten waschen, putzen, einige für die Garnitur beiseitelegen und den Rest halbieren.

2 Das Hackfleisch in heißem Olivenöl krümelig braten. Zwiebeln, Knoblauch, Karotten, Sellerie und Paprika hinzufügen und kurz mit anschwitzen. Das Tomatenmark unterrühren und die Tomaten mit der Brühe hinzufügen. Etwa 30 Minuten bei geringer Temperatur köcheln lassen, bis die Sauce schön sämig ist. Den Oregano dazugeben und mit Salz und Pfeffer abschmecken.

3 Für die Béchamelsauce die Butter in einem kleinen Topf zerlassen. Das Mehl einrühren und unter Rühren nach und nach die Milch dazugeben. Einige Minuten sämig einköcheln lassen und mit Salz, Pfeffer und Muskat abschmecken.

4 Den Backofen auf 200 °C Ober-/Unterhitze vorheizen.

5 Zum Einschichten etwas Fleischsauce auf dem Boden einer Auflaufform (etwa 20 × 30 cm) verteilen. Darauf drei Lasagneblätter legen und mit etwas Béchamelsauce bestreichen. So fortfahren, bis alle Zutaten eingeschichtet sind. Mit der restlichen Béchamelsauce abschließen. Die zurückbehaltenen ganzen Tomaten darauflegen, mit dem Parmesan bestreuen und mit Butterflocken belegt im Ofen etwa 45 Minuten goldbraun backen. In der Auflaufform servieren.

Koch dich glücklich Eins a im Geschmack und das gewisse Plus für deine Gesundheit: Oregano wirkt verdauungsfördernd, appetitanregend und desinfizierend auf den Magen-Darm-Bereich.

Cannelloni

(vege-tarisch)

mit Kräutercremefüllung

🍴 Für 4 Personen   ⏱ 60 Minuten + ca. 50 Minuten Garzeit   🍴 leicht

ZUTATEN

1 rote Zwiebel, 2 Knoblauchzehen, 2 EL Olivenöl
400 g passierte Tomaten (aus der Dose)
2–3 frische Tomaten
1 TL getrocknete italienische Kräuter
Salz, frisch gemahlener schwarzer Pfeffer
1 TL Zucker, 1 TL Obstessig
4 Handvoll gemischte frische Kräuter (z. B. Basilikum,
Petersilie, Dill)
250 g Ricotta, 200 g körniger Frischkäse, 3 Eier
12 Cannelloni, 150 g Ziegenfrischkäserolle

1 Die Zwiebel und die Knoblauchzehen abziehen, fein hacken und in heißem Olivenöl glasig anschwitzen. Die passierten Tomaten dazugeben. Die frischen Tomaten waschen, vierteln, Stielansatz und Kerne entfernen und das Fruchtfleisch in Würfel schneiden. Mit den getrockneten Kräutern dazugeben und die Sauce etwa 15 Minuten leicht dicklich einköcheln lassen. Anschließend mit Salz, Pfeffer, Zucker und Essig pikant abschmecken.

2 Den Backofen auf 200 °C Ober-/Unterhitze vorheizen.

3 Die frischen Kräuter waschen, trockenschütteln, die Blättchen abzupfen und fein hacken. Den Ricotta mit Frischkäse, Eiern, Salz und Pfeffer verrühren. Die Kräuter unterrühren und abschmecken.

4 Die Cannelloni mit der Käsecreme füllen (dazu zum Beispiel in einen Spritzbeutel geben und in die Cannelloni spritzen). Etwa die Hälfte der Tomatensauce in eine große Auflaufform (etwa 20 × 30 cm) geben. Die Cannelloni einschichten und die restliche Tomatensauce darübergeben. Den Käse daraufbröseln und im Ofen etwa 30 Minuten überbacken. In der Auflaufform servieren.

Koch dich glücklich Sind Eier nun gesund oder ungesund? Gerade an der Cholesterinfrage sind in der Vergangenheit viele Diskussionen entbrannt. Klar enthalten sie Cholesterin. Aber eben auch die Vitamine A, D, E und K, B-Vitamine sowie Mineralstoffe wie Kalzium und Eisen. Außerdem noch Tryptophan, das die Serotoninbildung fördert und stimmungsaufhellend wirkt.

Cannelloni-Auflauf
mit Mangold

vege-tarisch

🍴 Für 4 Personen   🕐 25 Minuten + ca. 35 Minuten Garzeit   🍴 mittel

ZUTATEN

12 Cannelloni-Nudeln
Salz
400 g Mangold
1 Zwiebel
2 Knoblauchzehen
2 EL Butter
200 g Crème fraîche
frisch gemahlener schwarzer Pfeffer
frisch geriebene Muskatnuss
120 g Emmentaler, frisch gerieben

1 Die Cannelloni in reichlich kochendem Salzwasser noch bissfest garen, abgießen und abtropfen lassen. In der Zwischenzeit den Mangold waschen, putzen und in dünne Streifen schneiden.

2 Die Zwiebel und die Knoblauchzehen abziehen und fein würfeln. Die Butter in einer Pfanne erhitzen, Zwiebeln und Knoblauch darin glasig anschwitzen. Den Mangold hinzufügen und unter Rühren zusammenfallen lassen. Die Crème fraîche einrühren, mit Salz, Pfeffer und Muskat abschmecken. Etwa 5 Minuten bei geringer Temperatur köcheln und danach abkühlen lassen.

3 Den Backofen auf 200 °C Umluft vorheizen.

4 Die Cannelloni-Rollen vorsichtig mit dem Pfanneninhalt füllen und in Portions-Auflaufformen verteilen. Den Käse darüberstreuen und im vorgeheizten Backofen 15–20 Minuten gratinieren. In den Auflaufförmchen servieren.

Koch dich glücklich Knoblauch – der König der Gewürze. Ja, so nannte ihn der gute alte Pythagoras. Das zeigt auch, wie lange die Knolle als Heilmittel bekannt ist. Seine besten Eigenschaften: Er verlangsamt den Alterungsprozess, stärkt das Immunsystem, bekämpft als natürliches Antibiotikum Bakterien und hilft bei Erkältungen.

Tortellinigratin (vegetarisch)
mit Paprika und Mais

¶¶ Für 4 Personen   ⏱ 15 Minuten + ca. 35 Minuten Garzeit   ⚐ leicht

ZUTATEN
250 g Mais (TK oder aus der Dose)
2–3 grüne Paprikaschoten
2 Frühlingszwiebeln
1–2 Knoblauchzehen
2 EL Olivenöl
Salz
frisch gemahlener schwarzer Pfeffer
Currypulver
600 g frische Tortellini (aus dem Kühlregal)
Butter für die Form
250 ml süße Sahne
50 g Crème fraîche
75 g Käse (z. B. Emmentaler, Mozzarella), frisch gerieben
2 Eier
frisch geriebene Muskatnuss

1 Den Backofen auf 180 °C Umluft vorheizen.

2 Den Mais gegebenenfalls auftauen oder abgießen und abtropfen lassen. Die Paprika waschen, putzen und in mundgerechte Stücke schneiden.

3 Die Frühlingszwiebeln und die Knoblauchzehe(n) abziehen und fein hacken. Zusammen in heißem Olivenöl 1–2 Minuten anschwitzen. Die Paprika dazugeben und 2–3 Minuten mit anschwitzen. Dann den Mais untermischen, mit Salz, Pfeffer und Curry würzen und das Ganze von der Herdplatte nehmen.

4 Die Tortellini in kochendem Salzwasser etwa 2 Minuten (oder je nach Anleitung) garen. Anschließend abgießen und abtropfen lassen. Mit dem Gemüse in eine mit Butter ausgestrichene Auflaufform (etwa 20 × 30 cm) geben.

5 Die Sahne mit Crème fraîche, Käse und Eiern verrühren, mit Salz, Pfeffer und Muskat würzen und über den Nudeln verteilen. Im Ofen etwa 25 Minuten goldbraun überbacken und in der Auflaufform servieren.

Koch dich glücklich Kaum zu glauben, aber wahr: Mais enthält mehr Eiweiß als die meisten anderen Gemüsesorten. In einer vegetarischen oder veganen Ernährung sollte er deshalb nicht fehlen. Daneben enthält er Betacarotin, Kalium und Magnesium – eine gesunde Mischung für deine Muskeln und dein Herz.

Ricotta-Quinoa-Auflauf mit Gemüse

(vege-tarisch)

¶¶ Für 4 Personen   ⏱ 45 Minuten + ca. 50 Minuten Garzeit   ↑ leicht

ZUTATEN

150 g Quinoa
400 ml Gemüsebrühe
1 Zucchini (ca. 200 g)
3 Schalotten
2–3 Zweige Rosmarin
350 g Cocktailtomaten
1 Knoblauchzehe
2–3 EL Olivenöl plus etwas für
die Form
Salz
frisch gemahlener schwarzer Pfeffer
1 Kugel Mozzarella (125 g)
50 g Pecorino
1 unbehandelte Zitrone
250 g Ricotta
150 g Magerquark
3 Eier
1 Handvoll frische Basilikumblätter
2–3 EL Pinienkerne

1 Die Quinoa in einem Sieb heiß waschen und in die kochende Gemüsebrühe streuen. Geschlossen bei mittlerer Temperatur etwa 15 Minuten gar köcheln lassen. Anschließend abgießen und abtropfen lassen.

2 Die Zucchini waschen, die Enden abschneiden, dann Zucchini längs in dünne Scheiben schneiden oder hobeln. Die Schalotten abziehen und in feine Spalten schneiden. Den Rosmarin abbrausen, trockenschütteln, die Nadeln abstreifen und fein hacken. Die Tomaten waschen. Die Knoblauchzehe abziehen und in feine Scheiben schneiden.

3 1–2 EL Olivenöl in einer Pfanne erhitzen und die Schalotten darin 2–3 Minuten anschwitzen. Herausnehmen, das restliche Öl in die Pfanne geben und die Zucchini mit Knoblauch und Rosmarin scharf anbraten. Mehrmals wenden, salzen, pfeffern und aus der Pfanne nehmen.

4 Den abgetropften Mozzarella würfeln und den Pecorino reiben. Die Zitrone heiß waschen, trockentupfen, die Schale fein abreiben und den Saft auspressen.

5 Den Backofen auf 200 °C Ober-/Unterhitze vorheizen und eine Auflaufform (etwa 20 × 30 cm) mit Olivenöl ausstreichen.

6 Ricotta, Quark, Eier, 1–2 EL Zitronensaft und Zitronenabrieb verrühren. Mit der Quinoa vermischen und mit Salz und Pfeffer abschmecken. Die Ricottamischung mit dem Basilikum in der Auflaufform verteilen. Mit Zucchini, Tomaten und Mozzarella belegen. Mit Pecorino und Pinienkernen bestreuen und im Ofen etwa 25 Minuten überbacken. In der Auflaufform servieren.

Koch dich glücklich Quinoa glänzt mit Geschmack und einem großen Paket an nützlichen Inhaltsstoffen: Das Pseudogetreide versorgt dich mit hochwertigen Proteinen und essenziellen Aminosäuren wie Lysin sowie viel Eisen und Magnesium.

Brotauflauf
mit Speck und Zwiebeln

🍴 Für 4 Personen   🕐 30 Minuten + ca. 35 Minuten Garzeit   🍸 leicht

ZUTATEN
4 altbackene Brötchen (vom Vortag)
100 g geräucherter Bauchspeck
2 große rote Zwiebeln
2 EL Butter plus etwas für die Form
1 Handvoll frische Petersilie
3 Eier
200 ml Milch (3,5 %)
150 ml süße Sahne
Salz
frisch gemahlener schwarzer Pfeffer
frisch geriebene Muskatnuss

1 Die Brötchen in dünne Scheiben, den Speck in Streifen schneiden. Die Zwiebeln abziehen und in dünne Ringe schneiden.

2 In einer Pfanne die Butter erhitzen, Speck und Zwiebeln darin etwa 5 Minuten anschwitzen. Die Petersilie abbrausen, trockenschütteln, die Blättchen abzupfen, hacken und etwa zwei Drittel der Petersilie unter die Speck-Zwiebel-Mischung rühren.

3 Den Backofen auf 200 °C Ober-/Unterhitze vorheizen. Eier, Milch und Sahne verquirlen. Mit Salz, Pfeffer und Muskat abschmecken.

4 Eine Gratinform mit Butter ausstreichen. Abwechselnd Brötchenscheiben und die Speck-Zwiebel-Mischung hineinschichten. Die Eiersahne darübergießen und im Backofen 25-30 Minuten goldbraun backen. Mit der restlichen Petersilie bestreut servieren.

Koch dich glücklich Petersilie ist durch ihre Vitalstoffe und Spurenelemente ein echtes Wunderkraut: Das enthaltene Flavonoid Apigenin mildert allergische Reaktionen und die ätherischen Öle Myristicin und Apiol haben unter anderem krampflösende Eigenschaften. Und: Apiin regt an und fördert die Sinnlichkeit.

Ciabatta-Auflauf
mit Grillgemüse

🍴 Für 4 Personen   🕐 15 Minuten + ca. 35 Minuten Garzeit + ca. 20 Minuten Wartezeit   🌶 leicht

ZUTATEN
1 Aubergine
Salz
4 rote Paprikaschoten
1 Ciabatta
1 Handvoll frisches Basilikum
2 Kugeln Mozzarella (à 125 g)
frisch gemahlener schwarzer Pfeffer

1 Die Aubergine waschen, putzen, längs halbieren und schräg in Scheiben schneiden. Die Scheiben salzen und etwa 20 Minuten Wasser ziehen lassen. Danach mit Küchenpapier trockentupfen. Die Paprikaschoten waschen, halbieren, putzen und in grobe Stücke schneiden.

2 Den Backofen auf 180 °C Umluft vorheizen.

3 Das vorbereitete Gemüse in einer Grillpfanne von allen Seiten braten, bis es ein Grillmuster annimmt. In der Zwischenzeit das Ciabatta in Scheiben schneiden und toasten. Das Basilikum waschen, trockenschütteln und klein schneiden. Den Mozzarella zerzupfen.

4 Gemüse, Brot und Mozzarella in einer Auflaufform (etwa 20 × 30 cm) verteilen. Salzen, pfeffern und im Ofen etwa 15 Minuten gratinieren. Mit dem Basilikum bestreut servieren.

Koch dich glücklich Basilikum ist ein wahrer Alleskönner für die Gesundheit. Seine ätherischen Öle stärken dein Immunsystem, helfen deinem Körper bei Infektionen und mindern sogar Kopfschmerzen und Migräne.

Mangold-Reis-Auflauf
mit Walnüssen

🍴 Für 4 Personen   🕐 40 Minuten + ca. 60 Minuten Garzeit   🍸 leicht

ZUTATEN
200 g Risottoreis
Salz
300 g Mangold
1 große Zwiebel
3–4 Stängel Dill
80 g Walnusskerne
2 EL Sonnenblumenöl plus etwas für die Form
100 g Tofu
400 ml Kokosmilch
frisch gemahlener schwarzer Pfeffer

1 Den Reis in reichlich Salzwasser etwa 15 Minuten bissfest garen und gut abtropfen lassen. Den Mangold putzen, waschen, die Stiele in dünne Streifen schneiden und die Blätter klein hacken. Die Zwiebel abziehen und fein würfeln. Den Dill waschen, trocken-schütteln, die Fähnchen abzupfen und klein hacken. Die Walnuss-kerne grob hacken.

2 Den Backofen auf 180 °C Ober-/Unterhitze vorheizen. Eine große Auflaufform (etwa 20 × 30 cm) mit etwas Sonnenblumenöl ausstreichen.

3 2 EL Sonnenblumenöl in einer Pfanne erhitzen und die Zwiebeln darin glasig anschwitzen. Die Mangoldstiele dazugeben und etwa 2 Minuten mit anschwitzen. Anschließend die Pfanne von der Herdplatte nehmen, etwas abkühlen lassen und den Inhalt mit Mangoldblättern, Nüssen und Reis mischen.

4 Den Tofu mit etwas Kokosmilch fein pürieren, dann die restliche Kokosmilch untermixen. Mit Dill, Salz und Pfeffer würzen. Die Reismischung in die Auflaufform geben und mit der Kokosmilch übergießen. Im vorgeheizten Ofen etwa 35 Minuten backen und in der Auflaufform servieren.

Koch dich glücklich Ein Bündel Dill unter dem Kopfkissen soll gegen Albträume helfen. Na ja, das gehört im Großen und Ganzen ins Land der Mythen. Aber ein Fünkchen Wahr-heit steckt halt doch darin. Denn die enthal-tenen ätherischen Öle sollen nicht nur bei Appetit-, sondern auch bei Schlaflosigkeit helfen.

Gnocchi-Gratin
mit Mozzarella

vege-tarisch

🍴 Für 4 Personen   🕐 20 Minuten + ca. 30 Minuten Garzeit   🍸 leicht

ZUTATEN
1 rote Paprikaschote
2 Karotten
Salz
1 Brokkoli
200 g grüne Bohnen
350 g frische Gnocchi (aus dem Kühlregal)
2 EL frische Schnittlauchröllchen
frisch gemahlener schwarzer Pfeffer
1 Kugel Mozzarella (125 g), frisch gerieben

1 Den Backofen auf 180 °C Umluft vorheizen.

2 Die Paprikaschote waschen, halbieren, putzen und klein würfeln. Die Karotten schälen und in Scheiben schneiden. In kochendem Salzwasser etwa 5 Minuten blanchieren, dann abgießen und abtropfen lassen.

3 Den Brokkoli waschen, putzen und in Röschen teilen. Abgedeckt in wenig kochendem Salzwasser etwa 3 Minuten garen. Die Bohnen waschen, putzen, halbieren und etwa 10 Minuten kochen. Die Gnocchi nach Packungsanleitung zubereiten.

4 Das abgetropfte Gemüse mit den Gnocchi und dem Schnittlauch vermengen, salzen, pfeffern, mit dem Käse bestreuen und im Ofen 10–15 Minuten gratinieren. In den Portionsförmchen servieren.

Koch dich glücklich Grüne Bohnen gehören einfach zu einer gesunde Ernährung. Sie punkten mit einer großen Menge pflanzlichem Eiweiß und vielen Mineralstoffen, Vitaminen und Spurenelementen. Ihr hoher Ballaststoffgehalt unterstützt außerdem einen stabilen Blutzuckerspiegel und macht dich lange satt.

Bulgurauflauf
mit Sprossen

vege-tarisch

🍴 Für 4 Personen   🕐 20 Minuten + ca. 40 Minuten Garzeit   ❗ leicht

ZUTATEN
200 g Bulgur
Salz
2 Kohlrabi
2 rote Paprikaschoten
50 g Mungobohnenkeimlinge
2 EL Olivenöl
frisch gemahlener schwarzer Pfeffer
½ TL Kreuzkümmelpulver
80 g Parmesan, frisch gerieben

1 Den Bulgur nach Packungsanleitung in Salzwasser garen, abgießen und abtropfen lassen. Kohlrabi schälen, in Scheiben schneiden und in kochendem Salzwasser etwa 5 Minuten garen. Danach in Eiswasser abschrecken und abtropfen lassen.

2 Die Paprika waschen, halbieren, putzen und in Streifen schneiden. Die Keimlinge waschen und gut abtropfen lassen.

3 Den Backofen auf 160 °C Umluft vorheizen.

4 Das Olivenöl in einer Pfanne erhitzen und die Paprika darin anbraten. Den Bulgur hinzufügen, mit Salz, Pfeffer und Kreuzkümmel abschmecken. Die Keimlinge unterheben und alles in einer Auflaufform (etwa 20 × 30 cm) verteilen. Mit den Kohlrabischeiben belegen, mit dem Käse bestreuen und im Ofen etwa 30 Minuten backen. In der Auflaufform servieren.

Koch dich glücklich Für eine gesunde Ernährung kommst du um Bulgur eigentlich nicht herum. Die geschroteten Getreidekörner sättigen durch den hohen Ballaststoffgehalt schnell und besitzen viele Nährstoffe. Beispielsweise Kalium, Magnesium und Kalzium, die gut für Knochen, Blut, Muskeln und Nerven sind.

Griechische Moussaka

🍴 Für 4–6 Personen   🕐 50 Minuten + ca. 110 Minuten Garzeit + 15 Minuten Wartezeit   🍴 mittel

ZUTATEN

2–3 Auberginen
Salz
Olivenöl zum Braten
1 Zwiebel
4 Tomaten
500 g Hackfleisch (Rind oder Lamm)
250 ml trockener Weißwein
1 Prise Zucker
frisch gemahlener schwarzer Pfeffer
½ TL Zimt
1 TL getrockneter Oregano
100 g Hartkäse (Graviera oder Kefalotiri), frisch gerieben
3 Eier
4–5 EL Semmelbrösel
40 g Butter plus etwas für die Form
4 gestrichene EL Weizenmehl (Type 405)
ca. 750 ml Milch (3,5 %)
frisch geriebene Muskatnuss
1–2 TL Zitronensaft

ZUM GARNIEREN

frische Petersilie, gehackt

Koch dich glücklich
Mit einer Portion Aubergine – also etwa 300 g – deckst du ein Viertel deines Tagesbedarfs an Kalium, das unter anderem für die Verteilung von Wasser inner- und außerhalb der Zellen dient. Das Ergebnis? Pralle Zellen und straffe Haut.

---

1 Die Auberginen waschen, die Enden abschneiden und das Gemüse in etwa 0,5 cm dicke Scheiben schneiden. Jeweils mit etwas Salz bestreuen und etwa 15 Minuten Wasser ziehen lassen. Anschließend gut trockentupfen. Die Auberginenscheiben in einer heißen Pfanne in jeweils 1–2 EL Olivenöl portionsweise von beiden Seiten 3–4 Minuten goldbraun anbraten. Herausnehmen und auf Küchenpapier abtropfen lassen.

2 Für die Hackfleischsauce die Zwiebel abziehen und fein würfeln. Die Tomaten blanchieren, abschrecken, enthäuten, vierteln, entkernen und klein würfeln. Die Zwiebeln in 1–2 EL Öl glasig anschwitzen und das Hackfleisch untermengen. Krümelig anbraten, bis die Flüssigkeit verdampft ist. Mit dem Wein ablöschen und die Tomaten hinzufügen. Mit Salz, Zucker, Pfeffer, Zimt und Oregano würzen und etwa 10 Minuten schmoren lassen, bis die Flüssigkeit wiederum fast völlig verdampft ist. Die Pfanne von der Herdplatte nehmen und das Hackfleisch abkühlen lassen. Dann die Hälfte vom geriebenen Käse, ein Ei sowie die Semmelbrösel untermengen und abschmecken.

3 Für die Béchamelsauce die Butter in einen heißen Topf geben und das Mehl unterrühren. Beides unter Rühren farblos aufschäumen lassen und die Milch nach und nach dazugießen. Aufkochen und unter weiterem Rühren etwa 5 Minuten sämig andicken lassen. Von der Herdplatte nehmen und etwas abkühlen lassen. Den restlichen Käse mit den restlichen beiden Eiern verquirlen und die Mischung unter die Sauce rühren. Mit Salz, Pfeffer, Muskat und Zitronensaft abschmecken.

4 Den Backofen auf 180 °C Umluft vorheizen.

5 Eine Auflaufform (etwa 20 × 30 cm) mit weicher Butter ausstreichen und den Boden mit der Hälfte der Auberginen auslegen. Das Hackfleisch hineinfüllen und darauf die restlichen Auberginenscheiben verteilen. Als abschließende Schicht die Béchamelsauce darübergießen und den Auflauf im vorgeheizten Ofen etwa 1 Stunde goldbraun backen. Wird die Kruste zu dunkel, die Form mit Alufolie abdecken. Mit Petersilie garniert in der Auflaufform servieren.

Farfalle-Auflauf
mit **Hähnchen** und **Feta**

🍴 Für 4 Personen ⏱ 20 Minuten + ca. 40 Minuten Garzeit 🍴 leicht

ZUTATEN
500 g Farfalle, Salz
250 g Hähnchenbrustfilet
2 EL Sonnenblumenöl, 1 Zwiebel
150 g Champignons
40 g getrocknete Tomaten (Softtomaten)
2 Knoblauchzehen, 200 ml süße Sahne
frisch gemahlener schwarzer Pfeffer
frisch geriebene Muskatnuss, 150 g Feta

1 Die Farfalle so in kochendem Salzwasser garen, dass sie noch sehr bissfest sind. Abgießen und dabei etwas Kochwasser auffangen. Die Nudeln abtropfen lassen.

2 Das Hähnchenbrustfilet abbrausen, trockentupfen und klein würfeln. In einer Pfanne das Sonnenblumenöl erhitzen und die Fleischstücke darin kurz anbraten. Aus der Pfanne nehmen.

3 Die Zwiebel abziehen, fein würfeln und in der heißen Pfanne glasig anschwitzen. Die Pilze putzen und je nach Größe halbieren oder vierteln. Zu den Zwiebeln geben und goldbraun braten.

4 Den Ofen auf 200 °C Ober/Unterhitze vorheizen.

5 Die abgetropften Nudeln mit wenig Nudelkochwasser unter die Pilze schwenken. Die Tomaten hacken und mit dem Hähnchen unter die Nudeln mischen. In eine Auflaufform (20 × 30 cm) füllen.

6 Die Knoblauchzehen abziehen und in die Sahne pressen. Kräftig mit Salz, Pfeffer und Muskat würzen und über die Nudeln gießen. Den Feta darüberbröseln und im Ofen 15–20 Minuten goldbraun backen. In der Auflaufform servieren.

Koch dich glücklich
Feta ist mehr als mediterraner Genuss. Er stärkt deine Abwehrkräfte, regeneriert das Zellgewebe, schützt die Leber und ist gut für Herz und Kreislauf. Das liegt vor allem an seinem speziellen Wirkstoff, der Orotsäure.

Ofengeschnetzeltes
mit Spätzle

🍴 Für 4 Personen   🕐 45 Minuten + ca. 35 Minuten Garzeit   🍴 mittel

ZUTATEN

2 Eier, 200 g Weizenmehl (Type 405), Salz
Butter für die Form, 250 g braune Champignons
4–5 Frühlingszwiebeln, 500 g Schweinefilet
2 EL Rapsöl, frisch gemahlener schwarzer Pfeffer
1 TL edelsüßes und 1 Prise rosenscharfes Paprikapulver, 50 ml trockener Weißwein, 150 ml süße Sahne
125 g Hartkäse (z. B. Bergkäse, Emmentaler),
frisch gerieben

1 Die Eier in eine Schüssel aufschlagen. Das Mehl,
75 ml warmes Wasser und etwas Salz hinzufügen.
Mit den Knethaken des Handrührgeräts zu einem
glatten Teig verrühren, bis er Blasen wirft. Der Teig
sollte zäh von einem Löffel fließen ohne zu reißen.

2 In einem breiten Topf Wasser zum Kochen bringen
und salzen. Den Teig portionsweise in die Spätzle-
presse füllen und die Spätzle direkt ins kochende
Wasser drücken, aufwallen lassen und aus dem Topf
heben. Abschrecken und gut abtropfen lassen.

3 Den Backofen auf 200 °C Ober-/Unterhitze vorheizen. Die Spätzle in einer mit Butter ausgestriche-
nen Auflaufform (etwa 20 × 30 cm) verteilen. Die
Pilze putzen und je nach Größe ganz lassen oder
klein schneiden. Die Frühlingszwiebeln waschen,
putzen und in feine Ringe schneiden. Das Fleisch
waschen, trockentupfen und in Streifen schneiden.
Mit Öl in einer Pfanne unter Rühren kurz anbraten.
Mit Salz, Pfeffer, mildem und scharfem Paprikapulver würzen.

4 Champignons und Frühlingszwiebeln mitbraten,
mit Wein ablöschen und die Sahne angießen. Alles
über den Spätzle verteilen, mit dem Käse bestreuen
und im Ofen 20 Minuten überbacken.

Koch dich glücklich Frühlingszzwiebeln bringen nicht nur
viel Geschmack ins Essen – bei kaum
Kalorien und wenig Fett. In ihnen stecken darüber hinaus viele Stoffe, die dir Gutes
tun. Allen voran ätherische Öle wie Allicin, das
entzündungshemmend und keimtötend wirkt.
Außerdem gelten sie als zellschützend.

Hähnchenauflauf
mit Risoni

🍴 Für 4 Personen   🕐 30 Minuten + ca. 45 Minuten Garzeit   🍷 leicht

ZUTATEN
8 Hähnchenoberkeulen
Salz
frisch gemahlener schwarzer Pfeffer
3 EL Rapsöl
200 ml trockener Weißwein
300 ml Geflügelbrühe
350 g Risoni
2 rote Zwiebeln
350 g Cocktailtomaten
100 g schwarze entsteinte Oliven

ZUM GARNIEREN
2 EL frisch gehackter Oregano
2 EL frisch geschnittenes Basilikum

1 Den Backofen auf 180 °C Umluft vorheizen.

2 Die Hähnchenkeulen waschen und trockentupfen. Salzen, pfeffern und im heißen Rapsöl
von allen Seiten gut gebräunt anbraten.

3 Den Weißwein mit der Brühe zum Kochen bringen,
die Nudeln darin einmal aufkochen und zusammen
mit der Brühe in einer Auflaufform (etwa 20 × 30 cm)
verteilen. Die Hähnchenteile mit der Hautseite
nach oben auf die Nudeln setzen.

4 Die Zwiebeln abziehen und in Spalten schneiden,
die Cocktailtomaten waschen und halbieren. Beides
zusammen mit den Oliven auf dem Auflauf verteilen.
Salzen und pfeffern.

5 Mit Alufolie abdecken und zunächst etwa 25 Minuten im Ofen garen. Danach die Folie entfernen und
etwa 15 Minuten fertig garen, bis aus den Häh-
chenteilen beim Einstechen klarer Fleischsaft aus-
tritt. Mit den Kräutern bestreuen und servieren.

Koch dich glücklich Oliven sind kleine Power-Früchte für
deine Gesundheit: Die Vitamine E und
C schützen zusammen mit Selen vor
Angriffen freier Radikale. Die enthaltenen
Phenole wirken sich zudem positiv auf dein
Herz-Kreislauf-System aus.

Saltimbocca vom Hähnchenfilet auf Gnocchi

¶¶ Für 4 Personen   ⏱ **25 Minuten + ca. 45 Minuten Garzeit**   ♦ **leicht**

ZUTATEN

4 Hähnchenbrustfilets (à ca. 140 g)
80 g Rohschinken, 2–3 Stängel Salbei
1 Schalotte, 2 EL Butter
2 EL Weizenmehl (Type 405)
200 ml Geflügelbrühe, 150 ml süße Sahne
Salz, frisch gemahlener schwarzer Pfeffer
1 Spritzer Zitronensaft
250 g Erbsen (TK oder frisch gepalt)
weiche Butter für die Gratinform
350 g Gnocchi (aus dem Kühlregal)
2 EL frisch geriebener Parmesan

1 Die Hähnchenbrustfilets abbrausen, trockentupfen und seitlich jeweils eine Tasche einschneiden. Den Schinken in kleine Würfel schneiden. Den Salbei abbrausen, trockenschütteln und die Blättchen abzupfen. Je zwei bis drei Blätter mit dem Schinken in die Taschen füllen. Mit Zahnstochern verschließen.

2 Für die Sauce die Schalotte abziehen und fein würfeln. In einem heißen Topf in der Butter glasig anschwitzen. Das Mehl dazugeben und kurz mit anschwitzen. Dann unter Rühren die Brühe und die Sahne angießen. Etwa 5 Minuten sämig köcheln lassen. Mit Salz, Pfeffer und Zitronensaft abschmecken. Die Erbsen in kochendem Salzwasser kurz blanchieren, abschrecken und abtropfen lassen.

3 Den Backofen auf 200 °C Ober-/Unterhitze vorheizen. Eine Gratinform oder vier Gratinförmchen mit Butter ausstreichen.

4 Die Erbsen mit den Gnocchi in die Form füllen und die Hähnchenbrustfilets darauflegen. Die Sauce darübergießen, mit dem Parmesan bestreuen und im Ofen etwa 35 Minuten goldbraun backen. Direkt servieren.

Koch dich glücklich
Kaum Fett und hochwertiges Eiweiß: Das zeichnet Hähnchenbrustfilet besonders aus. Dazu kommen die Vitamine der B-Gruppe sowie wichtige Mineralstoffe wie Magnesium, Eisen, Phosphor und Kalium.

Schellfischgratin
mit Kartoffeln

⚷ Für 4 Personen   **⏱ 25 Minuten + ca. 45 Minuten Garzeit**   **❢ leicht**

ZUTATEN

1 Zwiebel
1 Knoblauchzehe
2 EL Butter plus etwas für die Form
500 g Schellfischfilet (küchenfertig ohne Haut)
Salz
frisch gemahlener schwarzer Pfeffer
300 ml süße Sahne
2 Eigelb
frisch geriebene Muskatnuss
800 g festkochende Kartoffeln
150 g geräucherter Schellfisch
2–3 EL Semmelbrösel
30 g Walnusskerne
20 g frischer Schnittlauch

1 Die Zwiebel und die Knoblauchzehe abziehen und fein würfeln. In einer Pfanne 1 EL Butter zerlassen, Zwiebeln und Knoblauch darin glasig anschwitzen. Von der Herdplatte nehmen und abkühlen lassen.

2 Das Schellfischfilet abbrausen, trockentupfen und in Würfel schneiden. Mit der Zwiebel-Knoblauch-Mischung vermengen und mit Salz und Pfeffer abschmecken.

3 Den Backofen auf 180 °C Ober-/Unterhitze vorheizen. Eine Gratinform mit etwas Butter ausstreichen.

4 Die Sahne mit dem Eigelb verquirlen und mit Salz, Pfeffer und Muskat würzen. Die Kartoffeln schälen, waschen und in feine Scheiben schneiden oder hobeln. Die Form mit einer Schicht Kartoffeln auslegen. Mit etwas Schellfisch belegen und ein wenig Eiersahne darübergießen. Mit Kartoffeln bedecken und so fortfahren, bis alle Zutaten eingeschichtet sind.

5 Den Räucherfisch darüberbröseln und die übrige Eiersahne darübergießen. Mit der restlichen Butter in Flöckchen belegen und mit den Semmelbröseln bestreuen. Im Ofen etwa 40 Minuten goldbraun backen.

6 Die Walnüsse hacken. Den Schnittlauch abbrausen, trockenschütteln und in Röllchen schneiden. Das Gratin mit Nüssen und Schnittlauch bestreut servieren

(Koch dich glücklich) Schellfisch hat für deine Gesundheit einiges drauf. Neben beachtlichen Mengen an Mineralstoffen und Spurenelementen – beispielsweise Kalium, Selen, Natrium, Eisen, Phosphor und Jod – hat er einen hohen Eiweiß- und einen sehr niedrigen Fettgehalt. Deshalb hat er übrigens auch den Spitznamen »Sportlerfisch«.

Lachsauflauf
mit grünem Spargel

🍴 Für 4 Personen   ⏱ 25 Minuten + ca. 25 Minuten Garzeit   🍗 leicht

ZUTATEN

Butter für die Form
800 g grüner Spargel, Salz
1 Knoblauchzehe, 1 Schalotte
2 EL Butter
2 EL Weizenmehl (Type 405)
125 ml trockener Weißwein
Saft von 1 Orange
250 ml süße Sahne
150 g Käse (z. B. Gouda), frisch gerieben
½ Handvoll frische Kräuter (z. B. Dill und Petersilie), gehackt
2 Eier
frisch gemahlener schwarzer Pfeffer
frisch geriebene Muskatnuss
600 g Lachsfilet

1 Den Backofen auf 180 °C Umluft vorheizen. Eine Auflaufform (20 × 30 cm) mit Butter ausstreichen.

2 Den Spargel putzen, im unteren Drittel schälen und holzige Endstücke abschneiden. In kochendem Salzwasser 3–4 Minuten blanchieren. Anschließend abgießen, kalt abschrecken und abtropfen lassen.

3 Die Knoblauchzehe und die Schalotte abziehen und fein würfeln. Zusammen in heißer Butter glasig anschwitzen und mit dem Mehl bestauben. Mit dem Wein und dem Orangensaft ablöschen. Etwas reduzieren lassen, dann die Sahne hinzufügen. Die Hälfte vom Käse, die Kräuter und die Eier untermischen. Mit Salz, Pfeffer und Muskat abschmecken.

4 Den Lachs abbrausen und trockentupfen. Den Spargel in der Auflaufform verteilen und die Lachs-filets daraufsetzen. Mit der Sauce übergießen, mit dem restlichen Käse bestreuen, im Ofen 20–25 Minuten goldbraun backen und in der Auflaufform direkt servieren.

Koch dich glücklich Lachs versorgt dich mit mehrfach ungesättigten Omega-3-Fettsäuren, die gut fürs Herz sind. Dass in ihm auch Vitamin B6 und B12, Niacin und Panto-thensäure enthalten sind, macht ihn für gesunden Genuss umso wertvoller.

Überbackene Schollenfilets
mit Mangold

🍴 Für 4 Personen   🕐 20 Minuten + ca. 35 Minuten Garzeit   🍴 leicht

ZUTATEN

2 rote Zwiebeln
800 g festkochende Kartoffeln, gegart
Sonnenblumenöl für die Form
Salz, frisch gemahlener schwarzer Pfeffer
150 ml trockener Weißwein
2 Stauden Mangold
2 EL Butter
2 Schollenfilets (à ca. 200 g; küchenfertig ohne Haut)
100 g Rohschinken
1 EL Weizenmehl (Type 405)
250 ml Milch (3,5 %)
1 EL Zitronensaft

1 Den Backofen auf 160 °C Umluft vorheizen.

2 Die Zwiebeln abziehen und fein würfeln. Die Kartoffeln pellen, in Scheiben oder Stücke schneiden und in eine mit Sonnenblumenöl ausgestrichene Auflaufform (etwa 20 × 30 cm) schichten. Salzen, pfeffern und mit dem Weißwein übergießen.

3 Den Mangold putzen, waschen und in Streifen schneiden. 1 EL Butter in einer Pfanne erhitzen, die Hälfte der Zwiebelwürfel darin glasig anschwitzen und den Mangold hinzufügen. Unter Rühren zusammenfallen lassen, dann salzen und pfeffern. Den Mangold auf die Kartoffeln schichten.

4 Den Fisch waschen und trockentupfen. Die restliche Butter in einem Topf erhitzen und die übrigen Zwiebelwürfel mit dem klein gewürfelten Schinken darin anbraten. Mit dem Mehl bestauben und mit der Milch ablöschen. Unter Rühren zum Kochen bringen und mit Salz, Zitronensaft und Pfeffer abschmecken. Die Fischfilets auf den Mangold betten und mit der Sauce übergießen. Im Ofen etwa 25 Minuten garen und in der Auflaufform servieren.

Koch dich glücklich Scholle ist ein Kraftpaket aus dem Meer: Mit Eisen, Phosphor, Selen und Jod gehört sie zu den richtig gesunden Genüssen. Hoch ist auch der Anteil der Vitamine B1 und B2. Viel Eiweiß, wertvolles Jod und Omega-3-Fettsäuren inklusive.

Überbackene Fischfilets

¶¶ Für 4 Personen   ⏱ 20 Minuten + ca. 18 Minuten Garzeit   ❢ leicht

ZUTATEN
4 Essiggurken
80 g Räucherspeck
1 Zwiebel
150 g Champignons
1 EL Sonnenblumenöl
Salz
frisch gemahlener schwarzer Pfeffer
4 Fischfilets (à ca. 180 g; z. B. Kabeljau)
100 g Käse (z. B. Gouda), frisch gerieben
1 EL Semmelbrösel

ZUM GARNIEREN
frisch gehackte Petersilie

1 Die Gurken gut abtropfen lassen und klein würfeln. Den Speck in kleine Würfel schneiden. Die Zwiebel abziehen, die Champignons putzen und beides klein würfeln. In einer Pfanne den Speck mit Zwiebeln und Champignons in heißem Öl 2–3 Minuten anschwitzen. Von der Herdplatte nehmen, die Gurken untermischen und mit wenig Salz und Pfeffer würzen. Leicht abkühlen lassen.

2 Den Backofen auf 220 °C Ober-/Unterhitze vorheizen.

3 Den Fisch abbrausen, trockentupfen und mit Salz und Pfeffer würzen. Auf ein mit Backpapier belegtes Backblech legen. Den Käse mit den Bröseln unter das Pilzgemüse mengen und gleichmäßig auf den Fischfilets verteilen. Im Ofen etwa 15 Minuten goldbraun überbacken.

4 Aus dem Ofen nehmen und mit Petersilie bestreut servieren.

Koch dich glücklich Vor allem das für dein Immunsystem wichtige Spurenelement Selen und das zahnschützende Fluor sind in großen Mengen im Kabeljau vorhanden. Und er zählt zu den Spitzenlieferanten von Jod für eine gesunde Schilddrüse.

Gratin
von Krustentieren

🍴 Für 4 Personen   **🕐 20 Minuten + ca. 30 Minuten Garzeit**   **🍴 leicht**

ZUTATEN

2 EL Butter plus etwas für die Formen
2 EL Weizenmehl (Type 405)
200 ml Milch (3,5 %)
100 ml trockener Weißwein
Salz
frisch gemahlener schwarzer Pfeffer
3 Schalotten
2 Knoblauchzehen
2 EL Olivenöl
400 g ausgelöstes Krustentierfleisch (z. B. Krabben-
fleisch, Garnelen, Hummer)
Cayennepfeffer
2 Eigelb
60 g Emmentaler, frisch gerieben

1 Die Butter in einem Topf aufschäumen lassen. Das Mehl hinzufügen, unter Rühren anschwitzen und mit der Milch und dem Weißwein ablöschen. Unter Rühren 3–4 Minuten köcheln, danach abkühlen lassen. Mit Salz und Pfeffer würzen.

2 Den Backofen auf 180 °C Umluft vorheizen.

3 Die Schalotten abziehen und in Streifen schneiden. Die Knoblauchzehen abziehen und fein würfeln. Das Olivenöl in einer Pfanne erhitzen, die Schalotten und den Knoblauch darin glasig anschwitzen. Das Krustentierfleisch in der Pfanne unter Schwenken kurz anbraten und mit Salz und Cayennepfeffer würzen.

4 Vier Portions-Auflaufformen mit Butter ausstreichen und den Pfanneninhalt darin verteilen. Eigelb in die abgekühlte Sauce rühren und die Förmchen damit auffüllen. Mit dem Käse bestreuen, im Ofen 15–20 Minuten gratinieren und in den Förmchen servieren.

(Koch dich glücklich) Schalotten sind weniger scharf als Zwiebeln und trotzdem würzig im Geschmack. Und ihre Nährstoffe tun einiges für dich. Besonders fallen die zahlreichen schwefelhaltigen ätherischen Öle – unter anderen Allicin – auf, die sich positiv auf die Darmgesundheit auswirken.

Gratin mit Tomaten und Garnelen

🍴 Für 4 Personen   🕐 15 Minuten + ca. 20 Minuten Garzeit   🍢 leicht

ZUTATEN

4 Schalotten, 2 Knoblauchzehen, 4 Zweige Thymian
400 g Tomaten, 2 EL Olivenöl plus etwas für die Formen
200 g passierte Tomaten (aus der Dose)
Salz, frisch gemahlener schwarzer Pfeffer
Chilipulver, Piment d'Espelette
12 rohe Garnelen (ohne Kopf und Schale)
40 g Parmesan, frisch gerieben

1 Die Schalotten und die Knoblauchzehen abziehen und fein würfeln. Den Thymian waschen, trockenschütteln und die Blätter von zwei Thymianzweigen streifen, ein paar davon für die Dekoration beiseitelegen. Die restlichen Zweige halbieren.

2 Die Tomaten waschen, die Stielansätze entfernen und die Tomaten etwa 30 Sekunden blanchieren, dann abschrecken und enthäuten. Die Früchte vierteln, entkernen und das Fruchtfleisch hacken.

3 Den Backofen auf 200 °C Ober-/Unterhitze vorheizen.

4 Das Olivenöl in einem Topf erhitzen, die Schalotten und den Knoblauch darin glasig anschwitzen. Die gehackten Tomaten hinzufügen und unter Rühren anbraten. Mit den passierten Tomaten ablöschen, mit Salz, Pfeffer, Chili und Piment d'Espelette abschmecken. Den Thymian dazugeben und etwa 10 Minuten bei geringer Temperatur köcheln lassen.

5 Den Inhalt des Topfes in vier mit Olivenöl ausgestrichene Portions-Auflaufförmchen füllen und die Garnelen darüber verteilen. Mit dem Käse bestreuen und im Ofen 6–8 Minuten gratinieren. Mit den beiseitegelegten Thymianblättchen dekoriert servieren.

Koch dich glücklich
Garnelen sind regelrechte Eiweißbomben und liefern deinem Köper wichtige Baustoffe zur Regenerierung und Zellerneuerung. Da sie verhältnismäßig viel Wasser enthalten, sind sie für eine kalorienbewusste Ernährung perfekt geeignet.

Quarkgratin

(vege-tarisch)

mit Beeren

🍴 Für 1 Tarteform (20 cm Durchmesser)   🕐 20 Minuten + ca. 5 Minuten Garzeit   🍴 leicht

ZUTATEN

300 g gemischte Johannisbeeren (rot und schwarz)
4 Eier
1 unbehandelte Zitrone
1 Vanilleschote
500 g Magerquark
50 g Speisestärke
80 g Puderzucker
2 cl Rum
50 g Zucker

1 Den Backofen auf Grillen vorheizen.

2 Die Beeren waschen, verlesen und mit Küchenpapier trocken-tupfen. Die Eier trennen. Die Zitrone waschen, die Schale abreiben und dann den Saft auspressen. Die Vanilleschote halbieren und das Mark herauskratzen.

3 Den Quark mit Eigelb, Stärke und Puderzucker vermischen. Rum, Vanillemark, Zitronenabrieb und Zitronensaft hinzufügen und gut durchrühren. Eiweiß mit dem Zucker steif aufschlagen und die Quarkmasse vorsichtig unterheben.

4 Die Mischung in die Form geben, glatt streichen und unter dem Grill nur kurz gratinieren, bis die Masse beginnt zu bräunen. Die Beeren darauf verteilen und sofort servieren.

(Koch dich glücklich) Sauer macht lustig – und gesund. Das trifft nicht nur auf Zitronen zu, sondern erst recht auf Johannisbeeren. Denn im Vergleich zur Zitrone enthalten sie deutlich mehr Vitamin C. Plus: B-Vitamine sorgen für schönes Haar und starke Nerven.

Süßer **Himbeer-Polenta-Auflauf**

(vege-tarisch)

🍴 Für 4 Personen 🕐 40 Minuten + ca. 40 Minuten Backzeit 🍴 leicht

ZUTATEN
500 ml Milch (3,5 %)
80 g Zucker
150 g Polenta (Maisgrieß)
50 g weiche Butter plus etwas für die Form
2 EL Vanillezucker
2 Eier
1 TL Zitronensaft
100 g Magerquark
500 g Himbeeren (frisch oder TK)

ZUM GARNIEREN
etwas Puderzucker

1 Die Milch mit dem Zucker in einem Topf aufkochen lassen. Die Polenta unter Rühren einstreuen und etwa 5 Minuten quellen lassen. Anschließend von der Herdplatte nehmen und abkühlen lassen.

2 Den Backofen auf 200 °C Ober-/Unterhitze vorheizen. Eine Auflaufform (etwa 20 × 30 cm) mit etwas weicher Butter ausstreichen.

3 50 g weiche Butter mit dem Vanillezucker schaumig rühren. Die Eier trennen und das Eigelb unter die Butter rühren. Eiweiß mit Zitronensaft zu einem sehr steifen Schnee schlagen. Die Polenta löffelweise unter die Buttercreme rühren. Den Quark unterziehen und den Eischnee unterheben.

4 Die Masse in eine Auflaufform geben und glatt streichen. Die Himbeeren darauf verteilen und im Ofen etwa 30 Minuten goldbraun backen. Dann herausnehmen, kurz abkühlen lassen, mit Puderzucker bestauben und warm servieren.

Koch dich glücklich Himbeeren sind klein, haben es aber echt in sich. Sie stecken voller gesunder Inhaltsstoffe, die deinen Stoffwechsel fit halten und die Zellen deines Körpers schützen. Mineralstoffe wie Eisen, Magnesium, Kalium und Kalzium sind nur einige davon.

Luftige Kirsch-Clafoutis

(vege-tarisch)

🍴 Für 4 Personen 🕐 20 Minuten + ca. 25 Minuten Backzeit 🍴 leicht

ZUTATEN

weiche Butter für die Formen
450 g schwarze Süßkirschen
4 Eier
160 g Weizenmehl (Type 405)
200 ml Milch (3,5 %)
120 g Zucker
1 Msp. Salz
Abrieb von 1 unbehandelten Zitrone
40 g gehobelte Mandelkerne

ZUM GARNIEREN

etwas Puderzucker

1 Den Backofen auf 160 °C Umluft vorheizen.

2 Vier Portions-Auflaufförmchen mit Butter ausstreichen.

3 Die Kirschen waschen und entsteinen. Die Eier mit Mehl, Milch, Zucker, Salz und Zitronenabrieb zu einem flüssigen Teig verrühren. Den Teig etwa 15 Minuten quellen lassen.

4 Den Teig noch einmal durchrühren und in die vorbereiteten Formen gießen. Die Kirschen darauf verteilen, mit den Mandeln bestreuen und im Ofen etwa 25 Minuten backen. Mit Puderzucker bestauben und warm oder kalt servieren.

Koch dich glücklich Prall, dunkelrot bis beinahe schwarz, saftig und zuckersüß – mal ehrlich: Könntest du Kirschen je widerstehen? Nein? Das ist gut so. Denn neben ihrem tollen Geschmack bringen sie jede Menge Kalium, Phosphor, Eisen, B-Vitamine, Vitamin C, Folsäure und Betacarotin mit.

Feines Schoko-Dattel-Soufflé

(vege-tarisch)

🍴 Für 4 Personen   🕑 45 Minuten + ca. 50 Minuten Garzeit   🍴🍴🍴 schwer

ZUTATEN
weiche Butter und Zucker für die Förmchen
6 Datteln, entsteint
150 ml Milch (3,5 %), 100 ml süße Sahne
50 g Milchschokolade, 50 g weiche Butter
50 g Weizenmehl (Type 405)
4 Eier, 1 Prise Salz, 70 g Zucker

ZUM GARNIEREN
etwas Kakaopulver

1 Vier ofenfeste Tassen oder Förmchen (à etwa 150 ml Inhalt) mit Butter ausstreichen und mit Zucker ausstreuen. Die Datteln klein würfeln. Die Milch mit der Sahne in einem Topf erhitzen. Die Schokolade hacken und bei geringer Temperatur in der Milchmischung schmelzen lassen. Die Butter mit dem Mehl verkneten. Die Eier trennen und das Eiweiß mit Salz und Zucker zu Eischnee schlagen.

2 Den Backofen auf 200 °C Ober-/Unterhitze vorheizen.

3 Die Schokoladenmilch aufkochen lassen. Die Mehl-Butter-Mischung in kleinen Portionen in die heiße Flüssigkeit rühren und darin auflösen. Den Topf von der Herdplatte nehmen und etwas abkühlen lassen. Das Eigelb portionsweise unterrühren. Ein Drittel vom Eischnee mit dem Schneebesen einrühren, den restlichen Eischnee mit den Datteln unterheben.

4 Die Förmchen zu etwa zwei Dritteln mit der Masse füllen. In einen Bräter stellen und etwa zwei Drittel heißes Wasser angießen. Im Ofen etwa 35 Minuten garen, dabei die Backofentür nicht öffnen. Die fertigen Soufflés kurz abkühlen lassen und mit Kakao bestaubt servieren.

Koch dich glücklich
Konzentrationskick und Schlummer-snack: Da Datteln reich an Glukose und Fruktose sind, geben sie deinem Körper schnell einen Energieschub. Und die Amino-säure Tryptophan regt die Bildung des Schlaf-hormons Melatonin an. Also iss ruhig mal ein paar Datteln, wenn du schlecht einschläfst.

Himbeersoufflé
mit Puderzucker

vege-tarisch

🍴 Für 4 Personen   🕐 20 Minuten + ca. 20 Minuten Garzeit   🍴🍴🍴 schwer

ZUTATEN
weiche Butter und Zucker für die Förmchen
120 g Himbeeren
2 Eier
150 g Magerquark
2 cl Himbeergeist
1 Prise Salz
1 EL Vanillezucker
2 EL Zucker
1 EL Weizenmehl (Type 405)

ZUM GARNIEREN
4 Himbeeren
etwas Puderzucker

1 Den Backofen mit einem Wasserbad auf 200 °C Ober-/Unterhitze vorheizen. Vier Soufflé-Förmchen mit Butter ausstreichen und mit Zucker ausstreuen.

2 Die Himbeeren waschen, trockentupfen, verlesen, pürieren und durch ein feines Sieb streichen. Die Eier trennen und das Eigelb mit dem gut abgetropften Quark, Himbeermark und Himbeergeist verrühren.

3 Das Eiweiß mit dem Salz steif schlagen, nach und nach Vanillezucker und Zucker einrieseln lassen und schnittfest schlagen. Auf die Quarkmasse setzen, das Mehl darübersieben und vorsichtig unterziehen.

4 Die Masse auf die Förmchen verteilen, in das heiße Wasserbad stellen (die Förmchen sollten etwa zu einem Drittel im Wasser stehen) und im Ofen 15–20 Minuten garen.

5 Aus dem Ofen nehmen, je eine Himbeere daraufsetzen und schnell mit Puderzucker bestaubt servieren. Dazu passt Vanilleeis.

Koch dich glücklich) Quark ist eine super Eiweißquelle und hilft beim Muskelaufbau. Noch dazu enthält er nicht nur wichtige Mineralien und Vitamine, sondern liefert auch wertvolle Bausteine für deinen Zellstoffwechsel.

Apfel-Brombeer-Auflauf mit Streuseln

(vege-tarisch)

🍴 Für 4–6 Personen   🕐 20 Minuten + ca. 35 Minuten Backzeit   ❗leicht

ZUTATEN

400 g Brombeeren
2 Äpfel
1 EL Speisestärke
2 EL Vanillezucker
100 g Butter plus etwas weiche
Butter für die Form
75 g Pekannusskerne
150 g Weizenmehl (Type 405)
50 g gemahlene Mandelkerne
1 Prise Salz
100 g brauner Zucker

1 Den Backofen auf 180 °C Ober-/Unterhitze vorheizen.

2 Die Brombeeren waschen, verlesen, putzen und trockentupfen. Die Äpfel schälen, vierteln, die Kerngehäuse entfernen und die Viertel würfeln. Mit den Brombeeren, der Stärke und dem Vanillezucker vermengt in eine gebutterte Auflaufform füllen.

3 Die Pekannüsse grob hacken. Die Butter schmelzen lassen. Das Mehl in eine Schüssel sieben, die Butter dazugießen, mit Mandeln, Salz und Zucker vermengen und die Masse zwischen den Händen zu Streuseln reiben. Die Nüsse einarbeiten und auf den Früchten verteilen. Im Ofen etwa 35 Minuten goldbraun backen.

4 Den Apfel-Brombeer-Auflauf noch warm servieren. Dazu passt sehr gut Vanilleeis oder Schlagsahne.

Koch dich glücklich

Kleine Früchtchen – große Wirkung auf deine Gesundheit: Brombeeren sind ein hervorragender Provitamin-A-Spender und damit besonders gut für Augen und Nerven. Auch Folsäure und Eisen kommen in größeren Mengen vor. Plus Vitamin C: 100 g Brombeeren decken ein Drittel deines täglichen Bedarfs.

Mini-Apfelauflauf

mit Nuss-Hafer-Karamell

🍴 Für 8 Portionen   🕐 40 Minuten + ca. 15 Minuten Garzeit   🍴 mittel

FÜR DIE AUFLÄUFE
500 g säuerliche Äpfel, 2 EL Zitronensaft
8 TL Karamellsirup, 20 g Butter
50 g Pekannusskerne
50 g Zucker, 1 Prise Zimt, 50 g Haferflocken

FÜR DIE SAUCE
250 ml Milch (3,5 %), ½ Vanilleschote
3–4 EL Zucker
1–2 TL Speisestärke
2 Eigelb

1 Den Backofen auf 200 °C Ober-/Unterhitze vorheizen.

2 Die Äpfel waschen, vierteln, die Kerngehäuse entfernen und die Viertel klein würfeln. Mit dem Zitronensaft vermischen und in acht kleine Förm-chen (zum Beispiel Muffinförmchen) verteilen. Jeweils 1 TL Karamellsirup daraufgeben.

3 Die Butter mit Nüssen, Zucker, Zimt und Hafer-flocken im Blitzhacker zu feinen Krümeln zerkleinern und über die Äpfel streuen. Die Förmchen auf ein Backblech mit Backpapier setzen und im Ofen etwa 15 Minuten goldbraun backen.

4 Für die Vanillesauce von der Milch drei bis vier Esslöffel abnehmen und zur Seite stellen. Die restliche Milch mit der längs halbierten Vanille-schote und dem Zucker aufkochen, dann von der Herdplatte nehmen.

5 Die Speisestärke mit der beiseitegestellten Milch und dem Eigelb glatt rühren. In die nicht mehr kochen-de Milch einrühren und unter Rühren erhitzen (nicht kochen), bis die Masse eine sämige Konsistenz hat. Die kleinen Aufläufe mit der Sauce servieren.

Koch dich glücklich Warum Äpfel nicht nur lecker, sondern auch gesund sind? Ganz einfach: So viele Vitamine, Mineralstoffe, Ballast-stoffe und Spurenelemente sind in kaum ei-nem anderen Lebensmittel. Damit stärken sie das Immunsystem, fördern die Konzentration und halten die Arterien sauber. Sogar für wei-ßere Zähne und eine reinere Haut sind sie gut.

Apfel im Auflauf
mit Puderzucker

🍴 Für 4–6 Personen   🕐 40 Minuten + ca. 60 Minuten Garzeit   🍴🍴 mittel

FÜR DIE BRATÄPFEL
50 g gemischte Nüsse (z. B. Mandelkerne,
Walnusskerne, Haselnusskerne)
20 g Rosinen, 30 g gebackene Apfelringe
2 EL Rum, 5 kleine Äpfel, 1–2 EL Zitronensaft

FÜR DIE MARZIPAN-QUARK-CREME
200 g Marzipan, 6 Eigelb, 2 EL Zucker
2 EL Vanillezucker, 1 Prise Salz, 40 g Speisestärke
500 ml Milch (3,5 %), 250 g Magerquark
Butter und Weizenmehl (Type 405) für die Form

ZUM GARNIEREN
etwas Puderzucker

1 Nüsse und Rosinen grob hacken. Die Apfelringe klein schneiden und mit dem Rum vermengen. Nüsse und Rosinen untermischen. Die Äpfel waschen, das Kerngehäuse ausstechen, mit dem Zitronensaft beträufeln und mit der Nuss-Mischung befüllen. Den Backofen auf 200 °C Ober-/Unterhitze vorheizen.

2 Das Marzipan raspeln. Eigelb mit Zucker, Vanillezucker, Salz und Stärke etwa 5 Minuten mit dem Handrührgerät cremig schlagen. Die Milch einmal aufkochen lassen. Von der Herdplatte nehmen, das Marzipan einrühren und mit dem Pürierstab pürieren. Unter Rühren zur Eigelbcreme gießen, zurück in den Topf geben und unter weiterem Rühren 2–3 Minuten köcheln lassen. Dann von der Herdplatte nehmen, kurz abkühlen lassen und den Quark unterrühren.

3 Eine Auflaufform (etwa 20 × 30 cm) mit Butter ausstreichen und mit Mehl bestauben. Die Creme hineingeben. Die Äpfel hineinsetzen und im Ofen etwa 50 Minuten backen. Nach etwa 30 Minuten mit Alufolie abdecken, um ein zu starkes Bräunen zu verhindern. Mit Puderzucker bestaubt servieren.

Koch dich glücklich Rosinen sind getrocknete Weintrauben – na klar. Aber weil sie getrocknet sind, beinhalten sie alle Nährstoffe der Traube viel konzentrierter. Dass sie fester Bestandteil von Studentenfutter sind, hat übrigens auch einen Grund: Wegen der Mineralien und B-Vitamine wirken sie belebend und eignen sich prima bei Erschöpfung und Stress.

Waffel-Ofenschlupfer
mit Pfirsichen

🍴 Für 4 Personen   ⏲ 20 Minuten + ca. 50 Minuten Backzeit   🍴 leicht

ZUTATEN
1 große Dose Pfirsichhälften (ca. 420 g Abtropf-
gewicht)
300 g Waffeln (Fertigprodukt)
4 Eier
200 ml Milch (3,5 %)
200 g Schlagsahne
1 Päckchen Vanillepuddingpulver
2 EL Zucker
Butter für die Form
4 EL Mandelblättchen

ZUM GARNIEREN
etwas Puderzucker

1 Die Pfirsiche in einem Sieb abtropfen lassen und
in Scheiben schneiden. Die Waffeln diagonal halbieren, sodass Dreiecke entstehen. Die Eier mit Milch,
Sahne, Puddingpulver und Zucker verrühren.

2 Den Backofen auf 175 °C Ober-/Unterhitze
vorheizen. Eine große Auflaufform mit Butter
ausstreichen.

3 Waffeln und Pfirsichscheiben in die Auflaufform
schichten. Mit der Vanille-Eier-Sahne übergießen
und im vorgeheizten Ofen 40–50 Minuten backen.
Dabei eventuell mit Alufolie abdecken, wenn die
Oberfläche zu stark bräunt.

4 Die Mandelblättchen in einer Pfanne ohne Fett
goldgelb rösten. Den Ofenschlupfer herausnehmen,
mit den Mandeln bestreuen und mit Puderzucker
bestaubt servieren.

Koch dich glücklich Pfirsiche sind vor allem reich an Vitamin A. Daneben finden sich in den
Früchten unter anderem Kalium, Magnesium, die Vitamine C und E sowie einige
B-Vitamine, die an verschiedenen Stoffwech-
selreaktionen beteiligt sind.

Brioche-Auflauf

(vege-tarisch)

mit Beeren und Mandeln

🍴 Für 4 Personen   ⏱ 15 Minuten + ca. 25 Minuten Backzeit   🍸 leicht

ZUTATEN

Butter für die Tassen
300 g Brioche (ersatzweise Hefezopf)
2 Eier
2 EL Zucker
2 EL Vanillezucker
1 Prise gemahlener Zimt
200 ml süße Sahne
300 g Heidelbeeren
2 EL Mandelblättchen

1 Den Backofen auf 200 °C Ober-/Unterhitze vorheizen. Vier ofenfeste Tassen mit Butter ausstreichen.

2 Die Brioche in Scheiben schneiden. Die Eier trennen. Eigelb, Zucker, Vanillezucker und Zimt schaumig schlagen, die Sahne unterrühren. Dann das Eiweiß steif schlagen und unterheben. Etwa zwei Drittel davon über die Brötchen gießen und durchziehen lassen.

3 Die Heidelbeeren verlesen, waschen, trocken-tupfen und mit der eingeweichten Brioche ver-mengen. In die Tassen füllen, den übrigen Guss darübergeben, mit den Mandelblättchen bestreuen und im vorgeheizten Ofen 20–25 Minuten backen.

4 Aus dem Ofen nehmen und sofort servieren.

(Koch dich glücklich) Die gesundheitlichen Vorzüge von Heidelbeeren sind kaum zu toppen. Mit den in ihnen enthaltenen Anticyanen führen sie die Rangliste der Radikalenfänger an und lassen beispielsweise Him- und Erd-beeren weit hinter sich. Daneben liefern sie dir Karotinoide, die gut für die Augen sind.

Reisauflauf

(vege-tarisch)

mit Trockenfrüchten

🍴 Für 4 Personen   🕐 30 Minuten + ca. 65 Minuten Garzeit + ca. 15 Minuten Abkühlzeit   🍴 mittel

ZUTATEN

600 ml Milch (3,5 %)
1 Vanilleschote
150 g Milchreis
40 g Butter plus etwas Butter für die Förmchen und zum Belegen
2 Eier
40 g Zucker
100 g Trockenfrüchte (z. B. Aprikosen und Kirschen)
1 Prise Salz

ZUM GARNIEREN

etwas Puderzucker

1 Die Milch mit der längs halbierten Vanilleschote aufkochen lassen und den Reis hinzufügen. Bei geringer Temperatur etwa 30 Minuten unter gelegentlichem Rühren quellen lassen, danach den Reisbrei unter gelegentlichem Rühren etwa 15 Minuten abkühlen lassen.

2 Den Backofen auf 180 °C Ober-/Unterhitze vorheizen. Vier kleine Portions-Auflaufförmchen (à etwa 350 ml Inhalt) mit Butter ausstreichen.

3 Die Eier trennen. 40 g Butter mit dem Zucker schaumig schlagen und das Eigelb unterrühren, bis eine cremige Masse entstanden ist. Den Reisbrei (Vanilleschote wieder entfernen) löffelweise unter die Buttermasse rühren.

4 Die Trockenfrüchte hacken und unter den Reis heben. Das Eiweiß mit dem Salz steif schlagen und vorsichtig unterheben. Die Masse in die Förmchen füllen, mit ein paar Butterflocken belegen und etwa 35 Minuten goldgelb backen.

5 Mit Puderzucker bestaubt servieren.

(Koch dich glücklich) Trockenfrüchte schmecken intensiv und süß – und bringen viele Nährstoffe ihres frischen Originals mit. Vor allem die Mineralstoffe liegen in getrockneten Früchten in höherer Konzentration vor. Der relativ hohe Kaloriengehalt muss dich nicht abschrecken, denn einen Großteil davon stellen die Ballaststoffe, die dich lange satt machen und gut für die Verdauung sind.

Süßer **Schupfnudel-auflauf** mit Aprikosen

(vegetarisch)

🍴 Für 4 Personen   🕐 60 Minuten + ca. 60 Minuten Garzeit   🍴🍴 mittel

FÜR DIE SCHUPFNUDELN
400 g mehligkochende Kartoffeln, ca. 100 g Weizenmehl (Type 405), 1 Ei, 1 Eigelb, 50 g Zucker

FÜR DIE AUFLAUFMASSE
150 g weiche Butter, 2 EL Vanillezucker, 50 g Zucker
2 Eier, 250 g Magerquark, Saft und Abrieb von
½ unbehandelten Zitrone, 2 EL gemahlener Mohn,
2 EL Grieß, 1 TL Backpulver, 350 g Aprikosenhälften
(aus der Dose)

FÜR DIE STREUSEL
40 g Pistazienkerne, 2 EL Semmelbrösel
1 EL Zucker, 40 g kalte Butter

ZUM GARNIEREN
etwas Puderzucker

1 Die Kartoffeln waschen und etwa 30 Minuten
gar dämpfen. Leicht abkühlen lassen, pellen, durch
die Kartoffelpresse drücken und ausdampfen lassen.
Mit Mehl, Ei, Eigelb und Zucker vermischen.

2 Für die Auflaufmasse die Butter mit Vanillezucker
und Zucker cremig schlagen. Die Eier trennen und
das Eigelb unter die Buttercreme rühren. Den gut
abgetropften Quark, Zitronensaft, Zitronenabrieb,
Mohn, Grieß und Backpulver unterrühren. Das Eiweiß steif schlagen und unterziehen.

3 Den Backofen auf 180 °C Ober-/Unterhitze vorheizen. Eine Auflaufform mit Butter ausstreichen
und mit der Quarkmasse füllen. Den Kartoffelteig
zu fingerförmigen, etwa 4 cm langen Schupfnudeln
formen. Zusammen mit den gut abgetropften Aprikosen auf der Quarkmasse verteilen.

4 Für die Streusel die Pistazien stückig zerkleinern,
mit den Bröseln, dem Zucker und der Butter zu Bröseln zerreiben. Über den Auflauf streuen, im Ofen
30 Minuten backen und mit Puderzucker bestäuben.

Koch dich glücklich Pistazien enthalten wie alle Nüsse
große Mengen an wertvollen mehrfach
ungesättigten Fettsäuren und beugen
so einem erhöhten Cholesterinspiegel und
Herz-Kreislauf-Erkrankungen vor. Und: In
einer Portion stecken mehr zellschützende
Polyphenol-Antioxidantien als in einer Tasse
grünem Tee. Das klingt doch gut, oder?

Überbackene Topfenpalatschinken

vege-tarisch

🍴 Für 4 Personen   🕐 35 Minuten + ca. 30 Minuten Ruhezeit + ca. 25 Minuten Backzeit   🍴 leicht

FÜR DEN TEIG
150 g Weizenmehl (Type 405), ca. 250 ml Milch (3,5 %)
2 Eier, 40 g Zucker, 1 Prise Salz
3 EL Butter oder Butterschmalz zum Ausbacken plus
etwas Butter für die Form

FÜR DIE FÜLLUNG
50 g getrocknete Cranberrys, 4 cl Rum, 2 Eier
2 EL weiche Butter, 4 EL Zucker, 2 EL Vanillezucker
300 g Magerquark (Topfen), Saft und Abrieb von
½ unbehandelten Zitrone, 40 g Mandelsplitter

FÜR DEN GUSS
250 ml Milch (3,5 %), 3 EL Crème fraîche, 2 Eigelb
1 EL Zucker, 2 EL Vanillezucker

ZUM GARNIEREN
etwas Puderzucker

1 Für den Teig das Mehl mit Milch, Eiern, Zucker und einer Prise Salz zu einem glatten Teig verrühren und etw 30 Minuten ruhen lassen. Anschließend in eine beschichtete Pfanne jeweils etwas Butter geben und nacheinander acht Pfannkuchen ausbacken. Den Backofen auf 200 °C Ober-/Unterhitze vorheizen.

2 Für die Füllung die Cranberrys in Rum einweichen. Die Eier trennen. Die Butter mit Zucker und Vanillezucker cremig rühren, danach das Eigelb und den gut abgetropften Quark untermischen. Zitronensaft und -abrieb mit den Cranberrys zur Creme geben. Das Eiweiß steif schlagen und mit den Mandeln unterheben. Die Pfannkuchen mit der Quarkcreme bestreichen und aufrollen. Eine feuerfeste Form mit Butter ausstreichen und die Pfannkuchen nebeneinander hineinlegen.

3 Für den Guss Milch, Crème fraîche, Eigelb, Zucker und Vanillezucker verquirlen und über die Pfannkuchen gießen. Etwa 25 Minuten überbacken, und mit Puderzucker bestaubt servieren.

Koch dich glücklich Cranberrys – die kleinen Beerenwunder. Sie stärken das Immunsystem und stoppen Magenbeschwerden. Neben Mineralstoffen wie Eisen, Kalium und Natrium steckt in ihnen eine Fülle von Vitaminen und damit Antioxidantien, die freie Radikale neutralisieren.

Apfelcrumble
mit Rosmarin

¶¶ Für 4 Personen   ⏱ **30 Minuten + ca. 30 Minuten Backzeit**   ¶ **leicht**

ZUTATEN
weiche Butter für die Formen
1–2 Zweige Rosmarin
3 Äpfel
2 EL brauner Zucker
Saft von ½ Zitrone
75 g Quinoaflocken
75 g Zucker
75 g Weizenmehl (Type 405)
100 g flüssige Butter
2 EL Mandelblättchen

1 Den Ofen auf 180 °C Umluft vorheizen. Vier ofenfeste Tassen oder kleine Backformen mit Butter ausstreichen.

2 Den Rosmarin abbrausen, trockenschütteln, die Nadeln abzupfen und grob hacken. Die Äpfel waschen, vierteln, das Kerngehäuse entfernen und die Viertel in kleine Stücke schneiden. Mit braunem Zucker, Zitronensaft und Rosmarin vermengen und in die Förmchen füllen.

3 Die Quinoaflocken mit Zucker und Mehl mischen. Mit der Butter zu Krümeln vermengen. Über den Äpfeln verteilen, mit Mandeln bestreuen und im vorgeheizten Backofen 25–30 Minuten goldbraun überbacken.

4 Aus dem Ofen nehmen, leicht abkühlen lassen und servieren. Dazu passt zum Beispiel sehr gut Vanillesauce, Joghurt und Eis.

Koch dich glücklich Mit Rosmarin kannst du gleich doppelt genießen: das charakteristische Aroma und seine gesundheitlichen Vorteile. Das Kraut beugt Völlegefühlen vor, stärkt die Nerven, fördert die Durchblutung, schützt das Herz und bringt sogar den Kreislauf wieder auf Trab.

Kirsch-Crumble

vege-tarisch

mit **Vollkornstreuseln**

🍴 Für 4–6 Personen   🕐 25 Minuten + ca. 35 Minuten Backzeit   🍸 leicht

ZUTATEN
100 g kalte Butter plus etwas für die Form
75 g Dinkelvollkornmehl
75 g Dinkelmehl (Type 630)
1 EL zarte Haferflocken
50 g brauner Zucker
2 EL Vanillezucker
1 Prise Salz
1 kg schwarze Süßkirschen

1 Den Backofen auf 175 °C Ober-/Unterhitze vorheizen. Eine Auflaufform (etwa 20 × 30 cm) mit Butter ausstreichen.

2 Beide Mehle mit Haferflocken, Zucker, Vanillezucker und Salz vermischen. Die Butter in kleinen Würfeln dazugeben und zwischen den Händen zu Streuseln reiben.

3 Die Kirschen waschen, entsteinen und in die Form geben. Die Streusel darauf verteilen und im Ofen etwa 35 Minuten goldbraun backen.

4 Den Kirsch-Crumble lauwarm servieren. Dazu passt Schlagsahne oder Vanillesauce.

Koch dich glücklich   Volle Ballaststoff-Power bringen Haferflocken in diesen Crumble. Mal ganz abgesehen von viel Eiweiß und jeder Menge Mineralstoffen (besonders Magnesium, Phosphor, Eisen und Zink) und Vitaminen (vor allem B1, B9 und K).

Erdbeer-Crumble
mit Haferflocken

🍴 Für 4 Personen   ⏱ 25 Minuten + ca. 35 Minuten Backzeit   🍴 leicht

ZUTATEN
600 g Erdbeeren
4 cl Cassislikör
1 Msp. Abrieb von 1 unbehandelten Zitrone
1 EL Vanillezucker
100 g Butter plus weiche Butter für die Form
75 g Weizenmehl (Type 405)
100 g kernige Haferflocken
1 EL Rosinen
50 g Zucker
1 Prise Salz

1 Die Erdbeeren waschen, putzen und in Stücke schneiden. Mit Cassislikör, Zitronenabrieb und Vanillezucker vermengen und in eine mit Butter ausgestrichene Auflaufform geben.

2 Den Backofen auf 180 °C Ober-/Unterhitze vorheizen.

3 Das Mehl mit Haferflocken, Rosinen, 100 g Butter, Zucker und Salz zu krümeligen Streuseln vermengen (zum Beispiel mit den Knethaken des Handrührgeräts) und über die Beeren streuen. Im vorgeheizten Backofen etwa 35 Minuten goldbraun überbacken und lauwarm servieren.

Koch dich glücklich In Erdbeeren steckt mehr Vitamin C als in Zitronen. Ihr hoher Eisengehalt stärkt zudem deine Abwehrkräfte und die winzigen Kerne enthalten viel Zink, das unter anderem aphrodisierend wirkt.

Zutatenregister

Rezeptregister

Produktmanagement: Anna Geistbeck
Assistenz: Raffaela Niermann, Laura Posset
Textredaktion: Doreen Köstler
Korrektur: Gertraud Müller
Layout + Satz: Martin Feuerstein, Wigel
Umschlaggestaltung: Helene Avtuschko
Repro: LUDWIG:media, Zell am See
Herstellung: Barbara Uhlig

Printed in Slovenia by Florjancic

Sind Sie mit diesem Titel zufrieden?
Dann würden wir uns über Ihre Weiterempfehlung freuen.
Erzählen Sie es im Freundeskreis, berichten Sie Ihrem Buch-
händler, oder bewerten Sie bei Onlinekauf. Und wenn Sie
Kritik, Korrekturen, Aktualisierungen haben, freuen wir uns
über Ihre Nachricht an: Christian Verlag, Postfach 40 02 09,
D-80702 München oder per E-Mail an
lektorat@verlagshaus.de.

Bildnachweis

Umschlag Vorderseite: Thys/Supperdulex (StockFood);
Klappe vorne: Rua Castilho (StockFood);
Rückseite: Anke Schütz (StockFood); Klappe hinten: Sea Wave (Shutterstock)

Innenteil StockFood: Bauer Syndication: 92; Barbara Bonisolli: 97; Rua Castilho: 61,
72, 76, 107; Shaun Cato-Symonds: 48; Julia Cawley: 90; Sonia Chatelain: 38; Thomas
Dhellemmes: 41; Jean Pierre Dieterlen: 49; Sandra Eckhardt: 15, 37, 89, 105; Eric
Fenot: 81; Great Stock!: 45, 78, 96; Grossmann.Schuerle: 51; Julia Hoersch: 71;
Thorsten kleine Holthaus: 59; Milly Kay: 35; Jo Kirchherr: 75, 82; Coco Lang: 32, 83;
Ira Leoni: 22; Danny Lerner: 26; PhotoCuisine: 56; Jean-Christophe Riou: 86; Wolfgang
Schardt: 14, 18, 21, 23, 27, 29, 43, 68, 91, 99, 106; Anke Schütz: 67; Sporrer/Skowronek:
95, 101, 103; Thorsten Suedfels: 39, 47, 62, 65, 73, 77, 79; Tom Swalens: 53; Thys/
Supperdelux: 25, 55; 63; Martina Urban: 42, 85; Pierre Louis Viel: 17, 87; Jan Wischnewski:
4, 31, 93; Michael Wissing: 33, 54 69, 98, 102; Shutterstock: Andrey Cherkasov: 12;
focal point: 16 unten rechts; Gamzova Olga: 10 links; Dmitriy Gutkovskiy: 8 links;
HandmadePictures: 10 rechts; Brent Hofacker: 11 unten; IriGri: 16 oben links; Eugenia
Lucasenco: 9 rechts; margouillat photo: 9 links; Mirabelle Pictures: 11 oben; Sea
Wave: 6; Diana Taliun: 8 rechts; Valentyn Volkov: 11 Mitte

Unser komplettes Programm finden Sie unter

Die Deutsche Nationalbibliothek verzeichnet diese Publikation in der Deutschen
Nationalbibliografie; detaillierte bibliografische Daten sind im Internet über http://
dnb.d-nb.de abrufbar.

ISBN 978-3-95961-026-4